생각법이 달라지는
스탠퍼드 교육법

STANFORD ONLINE HIGH SCHOOL KOCHO GA OSIERU
KODOMO NO "KANGAERU CHIKARA WO NOBASU" KYOKASHO

Copyright © Tomohiro HOSHI 2022
First published in Japan in 2022 by DAIWA SHOBO Co., Ltd.
Korean translation rights arranged with DAIWA SHOBO Co., Ltd.
through Imprima Korea Agency
Korean edition copyright © 2023 by UKNOW CONTENTS GROUP

이 책의 한국어판 저작권은 Imprima Korea Agency를 통해
Daiwa Shobo Co., Ltd.과의 독점계약으로 유노콘텐츠그룹 주식회사에 있습니다.
저작권법에 의해 한국 내에서 보호를 받는 저작물이므로 무단전재와 무단복제를 금합니다.

틀에 갇혀 있던 아이를 틀을 깨는 아이로

생각법이 달라지는 스탠퍼드 교육법

호시 도모히로 지음 이지현 옮김

• 들어가며 •

우리 아이의
앞으로 10년을 위하여

저는 현재 스탠퍼드 대학교 부속 중·고등학교의 교장으로 근무하고 있습니다. 학교 이름은 '스탠퍼드 온라인 하이스쿨'로, 창립한 지 16년이 지났지요.

우리 학교는 실리콘밸리의 다양한 과학 공업 기술과 함께 세계 교육의 최전선에서 매일 도전을 거듭하는 학교입니다. 온라인 학교임에도 미국 상위권 학교 중 하나로 인정받고 있습니다. 미국 전역은 물론 그 외 40여 개국에서 미래를 이끌어 갈 900명의 우수한 학생들이 '글로벌 교실'에 모여서 함께 공부합니다.

스탠퍼드 온라인 하이스쿨의 특색은 다음과 같습니다.

스탠퍼드와 실리콘밸리 교육법

최첨단 과학 기술과 인공지능 시대 교육

중·고등학교 통합 체제의 글로벌 교실

세계 각국의 우수한 학생들

    이것만 봐도 우리 학교가 얼마나 특색이 뚜렷한 곳인지 잘 알 수 있습니다. 그러나 아는 사람은 다 아는 이곳의 주요 핵심은 다른 데 있습니다. 바로 필수 이수 과목이 '철학'이라는 점이지요.

    저는 일본에서 태어나 이과 계열로 도쿄 대학교에 입학했습니다. 하지만 학업 도중에 철학에 눈을 뜨고 미국으로 건너왔습니다. 이후에도 어느 한쪽을 택하지 못한 채 문·이과를 오갔습니다. 그러다가 최종적으로는 수학, 컴퓨터, 과학 등의 이과 분야와 철학 등의 문과 분야를 가로지르는 논리학을 연구하게 되었습니다. 그리고 스탠퍼드 대학교에서 철학 박사를 취득했습니다.

    물론 제가 철학 박사라서 저의 학문적인 이기심으로 학교에 철학을 필수 이수 과목으로 넣은 것은 아닙니다. 애초에 학교를 설립할 때부터 요즘 학생들에게 가장 필요한 생각법을 함양하기 위한 최적의 방법을 고민했고, 그 결과 철학을 교육과정의 주요 뼈대로 삼았습니다.

인공지능 시대에 가장 필요한 생각법

일반적으로 우리 아이들은 초등학교에서 중학교, 고등학교로 진학하면서 다양한 분야의 지식을 접하고 기존의 지식과 정해진 사고방식에 적응하도록 훈련받습니다.

그러나 현대 사회는 예측 불가능한 진화를 거듭하고 있습니다. 이제는 주변 사람과 똑같은 능력을 가진 것만으로는 충분하지 않지요. 기존의 규칙과 틀 안에서만 할 수 있었던 일은 점차 인공지능 기술로 대체되고 있습니다. 앞으로는 기존의 방식과 세계관에 적응하는 것만으로는 불확실한 미래를 살아갈 수 없음이 자명해졌습니다.

그렇다면 현재의 틀 밖으로 뛰어나가게 하는 역량은 무엇일까요? 새로운 방식에 적응하거나 새로운 가치를 창조하는 힘은 무엇일까요?

저는 그 핵심 원천이 바로 '어떻게 생각하는지'에 달렸다고 말합니다. 우리 아이들은 기존의 상식과 견해를 새롭게 따져 묻고 그 과정에서 새로운 사고와 가치를 창조하는 '생각법'을 길러 나가야 합니다.

물론 아이들의 생각법을 길러 주기 위해 별안간 철학과 관련된 훈련만 시켜서는 아무런 효과가 없을 것입니다. 생각법은 다양한 인간의 능력 그리고 마음의 움직임과 연관되어 있습니다. 최신 뇌과학과 심리학은 생각법의 본질을 파헤치는 과정에서 생각의 원천이 되는 기본 요소를 알아냈습니다.

저는 이 책에서 스탠퍼드 온라인 하이스쿨을 포함한 세계 최고의 교육 현장에서 실천하는 교육법을 소개하고자 합니다. 최첨단 과학 기술에 기초해서 아이들이 자신의 능력을 최대한 발휘할 수 있도록 말이지요.

아이의 생각법을 길러 주고 싶은 부모님, 아이의 학업 성취도를 높이기 위해서 생각법을 활용하고 싶은 부모님, 최신 뇌과학과 심리학 등을 포함한 생각법에 대해 알고 싶은 부모님들께 이 책이 조금이나마 도움이 된다면 그보다 더한 기쁨은 없을 것입니다.

스탠퍼드 온라인 하이스쿨 교장이자
교육 컨설턴트, 호시 도모히로

• 목차

들어가며   우리 아이의 앞으로 10년을 위하여   004

1장   아이의 생각법을 키우는 여섯 가지 비밀

세계가 원하는 미래 역량은 무엇일까?   015
생각법을 기르는 것은 간단하지 않다   019
첫 번째, 호기심과 의욕이 필요하다   022
두 번째, 자율성을 높여야 한다   025
세 번째, 이해해야 한다   030
네 번째, 정서 지능을 관리해야 한다   033
다섯 번째, 창의성을 키워야 한다   036
여섯 번째, 철학적으로 생각해야 한다   039

2장   궁금해하는 아이   스탠퍼드 호기심 교육법

오늘날의 다섯 가지 호기심 유형   045
호기심의 네 가지 사고방식   050
탐구할 수 있는 환경을 만들어 주자   056
성장형 사고방식이 중요하다   061
무심코 저지르는 아이의 호기심을 꺾는 습관   067
아이의 호기심을 유발하는 칭찬 수업   071

3장 스스로 행동하는 아이 스탠퍼드 자율성 교육법

자율성이란 무엇일까?	079
자율성과 행복의 과학적 상관관계	082
통제형 육아에서 벗어나야 한다	086
자율성과 '어리광 받아 주기'는 다르다	093
아이의 자율성을 결정짓는 첫 마디	096
장기적인 습관을 길러 주자	101
아이의 반응에 집중해야 한다	107

4장 이해하는 아이 스탠퍼드 이해력 교육법

잘 듣고 잘 말해야 한다	115
이해력을 높이는 적극적 경청 익히기	118
'잘 듣는 아이' 육아법	125
메타인지가 이해력을 좌우한다	129
메타인지 능력을 올리는 메모하기	132
뇌과학적으로 중요한 관점의 전환 훈련법	135

5장 마음이 강한 아이 — 스탠퍼드 정서 지능 교육법

안정된 정서를 위한 다섯 가지 능력	143
마음과 적절한 거리가 필요하다	148
부정적인 감정을 능숙하게 재활용하는 방법	154
어릴 때부터 해야 하는 마음챙김	158
하루 1분이면 충분한 마음챙김 연습	161
마음챙김은 정서 강화로 이어진다	166

6장 다르게 생각하는 아이 — 스탠퍼드 창의성 교육법

창의성이란 무엇일까?	173
창의적인 아이의 부모는 창의적일까?	178
뇌는 마음의 틈새 시간을 원한다	181
소꿉놀이는 창의성을 위한 지름길	184
역경을 견디면 창의적으로 성장한다	187
아이의 창의성을 지원하는 방법	190

7장　틀을 깨는 아이　스탠퍼드 철학 교육법

철학 사고란 무엇일까?　197
내 아이에게 철학은 좋은 점으로 가득하다　201
어떻게 아이의 철학적 사고를 키워 줄 수 있을까?　204
4세 아이도 할 수 있는 철학 사고　210
초등학교에서 지속 가능한 철학 사고　214
중학생 때라도 늦지 않은 비판적 철학 사고　218

부록　세계적인 교육 컨설턴트가 답하는 내 아이 고민상담소

Q1. 자녀에게 스마트폰이나 인터넷 등을 금지해야 할까요?　222
Q2. 사교육은 어느 정도 시켜야 하나요?　226
Q3. 게임 시간을 어떻게 줄여야 하나요?　230
Q4. 아이의 SNS를 다 확인해야 하나요?　234
Q5. 공부를 우선시하고 방과 후 활동은 뒤로 미뤄야 하나요?　238
Q6. 미래의 꿈을 반드시 미리 찾아야 하나요?　242
Q7. 부모는 얼마나 관여해야 하나요?　246

마치며　세상의 모든 부모님들께　250

1장

아이의 생각법을 키우는 여섯 가지 비밀

세계가 원하는 미래 역량은 무엇일까?

"인공지능 시대에 필요한 능력과 역량은 무엇일까?"
"미래 사회와 미래 교육에 대한 비전은 무엇일까?"

이러한 물음은 특히 20세기에서 21세기로 넘어가는 시점부터 여러 나라와 지역에서 활발하게 논의되어 왔습니다. 그 결과 '21세기형 역량'에 관한 몇 가지 틀이 탄생했습니다.

저는 그 틀을 수집하고 분석하고 연구하여 공통점을 찾아냈습니다. 바로 미래 사회에서 살아남을 수 있는, 모든 나라가 인정하는 일곱 가지 21세기형 역량입니다. 이 일곱 가지 역량은 세 가지 주제에 따라 나눌 수 있습니다.

먼저 글로벌화 사회에서 다양한 문화를 접하고 여러 나라 사람들과 원만하게 지내는 데 필요한 역량은 세 가지입니다.

- 소통 역량: 주변 사람과 정보, 의견을 원활하게 주고받는 힘을 의미합니다.
- 협업 역량: 주변 사람과 협력하여 과제나 문제를 해결해 나가는 힘입니다.
- 자문화 및 다른 나라 문화에 대한 이해: 자신의 문화를 이해하면서 다른 나라의 문화와 가치관 그리고 세계관도 개방적으로 받아들이고 이해하는 힘입니다.

다음으로는 IT 사회에서 필요한 인터넷 및 컴퓨터 사용 역량입니다.

- ICT 기술 역량: 컴퓨터나 여러 전자 기기를 유효하게 활용할 수 있는 힘을 의미합니다.

마지막으로 비판적인 사고를 통해서 미래의 새로운 가치나 답을 찾아내는 역량입니다.

- 창의성: 사회에 도움이 되는 새로운 아이디어를 창출하는

힘을 의미합니다.
- 비판적 사고: 어떤 일의 전제나 근거를 밝혀내서 비판적으로 생각하는 힘입니다.
- 문제 해결 능력: 눈앞의 과제를 분석하고 정확한 해결 방법을 이끌어 내는 힘입니다.

이러한 일곱 가지 역량을 키우려면 이 책의 핵심 주제인 생각법이 필수입니다. 일곱 가지 역량이 미래 사회에 더욱 필요한 이유는 현재 사회가 '지식화' 방향으로 나아가고 있기 때문입니다.

이제는 새로운 지식과 가치가 필요하다

현대 사회에서는 IT 기술을 바탕으로 다량의 정보와 지식이 생겨나고 광범위하게 퍼지고 있습니다. 이런 환경에서 살아남으려면 눈앞에 펼쳐지는 다량의 정보에서 의미와 가치를 찾아내고, 때로는 본인 스스로 지식과 기술을 창출해 내야 합니다. 이제 이미 알려진 것이나 정해진 방법을 배우기 바빴던 이전의 방식은 막을 내리고 있지요.

따라서 정해진 틀 속에서 동일한 작업을 반복하거나 기존의 규칙에 맞추어 '처리하기만' 하는 일은 점차 감소할 것입니다.

'주입식', '암기 집중형' 학습에서 벗어나지 못하면 새로운 시대의 거센 파도를 뛰어넘을 수 없지요.

"시험에서 좋은 점수를 받으면 좋은 대학에 들어갈 수 있고 좋은 직장을 얻을 수 있다. 그리고 행복한 인생을 보낼 수 있다"라는 말은 이제 환상일 뿐입니다. 정보의 홍수 속에서 새로운 가치와 지식을 창출하기 위해서는 남들과 다르게 생각할 수 있어야 합니다.

스탠퍼드식 생각법 POINT
소통, 협업, 자문화 및 다른 문화에 대한 이해, ICT 기술, 창의성, 비판적 사고, 문제 해결 능력의 밑바탕에는 '생각하는 힘'이 깔려 있다.

생각법을
기르는 것은
간단하지 않다

이제 생각법이 왜 중요한지 잘 알았을 것입니다. 그렇다면 어떻게 해야 21세기형 역량을 익힐 수 있을까요? 또한 어떻게 하면 우리 아이들에게 그런 힘을 길러 줄 수 있을까요? 이는 상당히 고민스러운 문제입니다.

실제로 앞에서 언급한 21세기형 역량을 함양하는 일은 간단하지 않습니다. 가령 현행 교육 프로그램에 몇 가지 새로운 과목을 도입한다고 해서 해결할 수 있는 그런 차원의 문제가 아닙니다. 우리 아이들은 이미 배워야 할 것이 너무 많습니다. 학습 시간이나 과목 수를 지금보다 더 늘리는 것은 현실성이 떨어지지요.

생각법 관련 교육을 더 늘려야 한다

그렇다면 기존 과목에 21세기에 요구되는 생각법의 요소를 군데군데 조금씩 추가해 보는 것은 어떨까요? 간단해 보이지만 막상 이런 방식을 도입하려면 모든 과목의 균형과 조정이 불가피한데, 이는 상당히 까다로운 작업입니다. 설령 조정이 가능하더라도 새로운 요소를 가르칠 수 있도록 교사 쪽의 지원도 없어서는 안 되고요.

그리고 결정적으로 소통, 협업 등과 함께 생각법을 평가하는 일이 쉽지 않다는 문제가 있습니다. 어떤 시험을 보고, 어떻게 학생을 평가해야 할까요? 학생의 생각 능력을 평가할 수 없다면 수업의 장단점 또한 평가할 수 없습니다.

일본에서도 서서히 생각법을 함양하기 위한 변화가 일고 있습니다. 그러나 지금까지 교육이 어떻게 진화해 왔는지를 딱 집어 말할 수 없다는 점이 일곱 가지 역량을 키우는 것이 얼마나 어려운 과제인지를 잘 대변해 준다고 생각합니다. 실제로 엷은 한 줄기의 희망이 보이기는 하나, 생각하는 힘을 길러 주는 학교 프로그램의 개발은 여전히 미해결 과제로 남아 있습니다.

그래서 이 책에서는 현행 학교 교육에 도움이 될 수 있도록 가정이나 학교에서 시작할 수 있는 '생각을 키우는 방법'을 살펴보고자 합니다.

첫 번째 단계로 아이들의 어떤 능력을 키워 주어야 생각하는 힘이 길러지는지에 대해서 알 필요가 있습니다. 지금부터 최신 과학이 밝힌 생각법 함양의 기본 요소를 알아보도록 하겠습니다.

스탠퍼드식 생각법 POINT
가정이나 아이를 돌보는 육아 지원의 현장에서부터 아이의 생각법을 키워 줄 수 있다.

첫 번째,
호기심과 의욕이
필요하다

아무리 아이를 가르치고 공부시키려고 해도 일단 아이에게 하고자 하는 의욕이 없으면 아무런 소용이 없습니다. '생각하는 행위'는 결국 스스로 자신의 머리를 쓰는 마음의 움직임(활동)이 있어야 비로소 가능해집니다.

남들과 다른 관점에서 새로운 아이디어를 떠올리거나, 어려운 문장을 천천히 곱씹으면서 이해하거나, 아무도 풀지 못한 난제에 대한 답을 알아내려고 하는 것처럼 말이지요.

미지의 것이나 궁금한 것에 스스로 흥미를 품고 '생각하려고' 하지 않는 한 의미 있는 사고는 불가능합니다. 아이의 생각법을 기르기 위해서 가장 필요한 요소 중 하나는 아이의 호기심과 의욕 그 자체를 키우는 것입니다.

호기심은 DNA에 심겨 있다

그렇다면 아이의 호기심을 어떻게 키워야 할까요? 흥미나 관심은 저절로 그런 기분이 드느냐 들지 않느냐의 문제입니다. 그럼 애초에 아이의 호기심을 의도적으로 길러 주거나 키우기는 불가능하지 않을까요? 매우 자연스러운 의문이자 인간의 호기심에 대한 본질을 꿰뚫는 질문입니다.

우리는 자연스럽게 새로운 것에 관심을 갖고 시행착오를 겪곤 합니다. 그런 과정에서 참신한 아이디어나 변혁이 탄생하기도 하지요. 우리 선조들은 이런 호기심의 자연스러운 움직임에 따라서 새로운 도구를 만들거나 새로운 사고방식을 찾아냈습니다

호기심은 인간의 DNA에 새겨진 능력이자 꾸준히 진화해 온 심리 체계인 것입니다. 그리고 그 배경에 존재하는 메커니즘이 최근 뇌과학으로 명확하게 밝혀지고 있습니다. 호기심은 누구나 가지고 태어나는 자연스런 마음의 움직임으로, 옛날부터 뇌 메커니즘에 탑재된 능력 중 하나였습니다.

그렇기 때문에 아이의 호기심을 최대한으로 끌어내기 위해서는 호기심의 메커니즘을 뇌과학이나 심리학의 관점에서 이

해하고 과학적으로 호기심을 키우는 방법을 실천해야 합니다. 또한 아이가 지닌 호기심의 가능성을 위축시키는 행동을 의식적으로 피하는 것이 좋겠지요.

스탠퍼드식 생각법 POINT

'생각하려고' 하는 행위는 마음의 기본적인 움직임으로, 뇌 메커니즘에 탑재된 능력 중 하나이다.

두 번째,
자율성을
높여야 한다

생각법을 함양하기 위해서 호기심 다음으로 다룰 주제는 바로 '자율성'입니다. 한번 호기심이 발동하면 인간은 무엇인가에 흥미를 가지게 됩니다. 이때 호기심을 자극한 요인에 대해서 곰곰이 생각해 보는 과정보다 한 발 더 앞으로 나아가려면 자율성이 필요합니다.

'자율성' 하면 자립성, 자발성, 자주성, 주체성, 적극성 등 미묘하게 의미가 다른 유의어가 떠오르기 마련입니다. 하지만 이 책에서 전문적인 세세한 차이점은 중요하지 않습니다.

여기서는 아이의 생각하는 힘을 지원하는 데 필요한 넓은 의미의 자율성을 다룰 예정입니다. 즉 누구에게 강요당하거나 지배당하지 않고 자신의 의사와 판단에 따라서 스스로 하고자 하는 마음의 움직임을 확인해 볼 수 있습니다.

실리콘밸리에서도 강조하는 내적 동기부여

이와 관련해서 '내적 동기부여'와 '외적 동기부여'에 대해서 알아둘 필요가 있습니다. 이 둘은 현대 심리학 이론의 주류 중 하나인 '자기 결정론'의 기본 개념으로 명확하게 짚고 넘어가야 합니다.

가령 아이가 가로세로 낱말 퀴즈에 푹 빠졌다고 해 봅시다. 퀴즈를 푼다고 돈을 벌 수 있는 것도 아니고, 주변 사람들에게 칭찬을 받는 것도 아닙니다. 아이는 그저 낱말 퀴즈를 푸는 행위 자체가 즐겁고 재미있고 만족스럽지요. 어떤 보상을 위해서 하는 행위가 아닙니다.

이렇게 무언가를 하는 것 자체에서 동기부여를 받은 상태를 내적 동기부여라고 합니다. 가로세로 낱말 퀴즈를 푼다고 해서 어떤 금전적인 보수가 주어지는 것도 아닌데 그냥 '하고 싶으니까 하는 것'이지요.

반면 퀴즈를 풀면 얻을 수 있는 금전이나 지위, 그 밖에 보수가 목적이거나 벌칙을 피하는 것이 동기부여가 된 상태를 외적 동기부여라고 합니다. 스스로 하고 싶지 않아도 보상을 받을 수 있다면 억지로라도 하게 되는 마음을 의미합니다.

자율성이란 어떤 사람 또는 무언가에 강요당하거나 지배당하지 않고 스스로 하고자 하는 마음의 움직임입니다. 그렇기 때문에 아이의 자율성을 키워 주려면 내적 동기부여를 강화하고 유지하는 것이 가장 중요합니다.

이러한 사실을 바탕으로 글로벌 산업의 중심지인 실리콘밸리에서는 급여나 승진을 직접적인 성장 동력으로 삼지 않습니다. 그보다는 업무 목적이나 사회 공헌 등 내적 동기부여를 얼마나 유지할 수 있는지에 대해서 신중하게 고려합니다.

이는 육아 현장에서 용돈(현금)이나 물질 등의 보상으로 아이에게 동기부여하는 행위를 금지하는 과학적인 근거이기도 합니다.

내적 동기부여를 키우기 어려운 이유

그러나 내적 동기부여를 강화하는 일은 그리 간단하지 않습니다. 이 세상에는 외적인 보수나 벌칙이 너무나도 많기 때문입니다.

학교에서도 시험 성적을 수치화해서 표준을 만들고 그에 따른 효율적인 성과를 기대하는 외적 동기부여 교육법을 씁니다. 그러다 보면 아이들은 공부를 즐기지 못하고 쫓기듯이 할 수밖에 없지요.

그리고 안타깝게도 내적 동기부여는 외적 동기부여에 가려지기 쉽습니다. 물론 처음에는 공부 자체에 흥미를 느끼거나 배우는 과정 자체가 즐거울 수 있습니다.

하지만 '성적'이라는 보수가 주어지면 내적 동기부여가 외적 동기부여로 뒤바뀌고 맙니다. 또한 외적 동기부여에 심하게 의존하면 장기적으로 몸과 마음의 건강이 위협을 받거나 삶의 보람과 행복을 잃게 됩니다.

내적 동기부여를 지원하고 강화하는 것이 어려운 또 다른 이유는 아이를 가르치거나 지원하는 행위 자체에 일종의 통제 요소가 포함되어 있기 때문입니다. 아이의 자율성을 키우려고 했던 지원이 알고 보니 통제였다는 사실이 드러나는 경우도 많습니다.

옛날과 다르게 요즘은 육아가 정말 어렵고 힘들지요. 자녀에게 이것도 시켜야 할 것 같고 저것도 시켜야 할 것 같은 마음은 당연합니다. 부모로서 도대체 무얼 어떻게 하면 좋을지 혼란스러울 수 있습니다.

이런 육아 스트레스 속에서 균형을 잘 잡고 통제형 육아로 치닫지 않으면서 자식을 잘 키우기란 매우 어려운 일입니다.

따라서 심리학의 관점에서 자녀의 자율성을 지원하고 강화하면서 통제형 육아법을 쓰지 않는 요령이 중요합니다.

스탠퍼드식 생각법 POINT
아이의 자율성을 지원하려면 내적 동기부여를 강화하고 유지하는 것이 가장 중요하다.

세 번째, 이해해야 한다

　생각법을 강화하기 전에 일단 반드시 필요한 능력이 있습니다. 바로 '이해하는 힘'입니다. 이해하는 힘은 상대방의 이야기나 문장 속의 내용과 의미를 아는 것, 눈앞의 정보를 정확하게 파악하는 것을 의미합니다.

　이해하는 힘과 생각하는 힘은 동전의 앞뒷면과 같습니다. 사람은 어떤 대상이나 사물을 이해하지 않고서는 생각할 수 없으니까요. 문제 해결을 위한 새로운 아이디어를 찾고자 할 때 그 문제나 문제의 배경을 이해하지 못하면 좋은 아이디어도 떠오르지 않지요.

　이해하는 힘, 즉 '이해력'을 기르려면 기초적인 지식을 갖추거나 독해 훈련을 하는 등 포괄적인 훈련이 필요합니다. 그야말로 학교 교육이 목표로 하는 것처럼 다양한 소양을 동시에 가르쳐야 하는데, 현재 교육과정만으로는 부족한 것이 사실입니다. 학교 교육만으로 부족한 이해력 훈련을 일상에서 실천할 수 있도록 뒤에서 그 방법을 소개할 예정입니다.

관점의 전환이 가장 중요하다

이해력 훈련의 핵심은 '관점을 바꾸는 것'입니다. 이제까지 전혀 몰랐던 새로운 정보나 자신의 생각과 다른 관점을 접하면 사고의 틀이 크게 확장됩니다. 관점을 바꾸려면 고수해 왔던 주장에서 한발 물러나 새로운 정보나 다른 생각을 주시하는 힘이 필요하지요.

그러나 관점을 바꾸는 힘은 지금까지의 학교 교육에서는 그다지 큰 주목을 받지 못했던 능력입니다. 물론 학교에서 직접적인 훈련을 받지 않더라도 다양한 언어나 인종을 접하기 쉬운 국가에서 나고 자란 아이는 이 능력을 기를 기회가 많을 것입니다. 온라인으로 해외 정보나 다른 문화를 접할 기회가 늘고 있는 현상도 마찬가지이지요.

하지만 아무리 접할 기회가 많아도 평범하게 일상을 보내는 것만으로는 관점을 바꾸는 힘을 기르는 데에는 충분하지 않습니다. 그래서 훈련이 필요합니다.

일상 속에서도 실천할 수 있는 훈련은 꽤 많습니다. 이 책에서는 세 가지 접근 방식으로 관점을 바꾸는 방법을 살펴보고자 합니다.

첫 번째, 대화할 때 상대방의 관점을 받아들이면서 효과적으로 이야기를 이해하는 데 중요한 '적극적 경청'입니다.

두 번째, '메타인지 훈련'입니다. 자신과 상대방이 무엇을 아는지, 무엇을 생각하는지, 무엇을 느끼는지, 자신이나 타인을 인지하는 것이지요.

세 번째, 관점을 바꾸는 힘을 뇌과학적으로 풀어내는 것입니다. 앞으로 지금까지의 연구에서 그 효과를 인정받은 '관점을 바꾸는 강화 훈련법'을 소개할 예정입니다.

스탠퍼드식 생각법 POINT
이해력을 높이고 관점을 바꾸려면 적극적 경청, 메타인지 훈련, 뇌과학적 지식이 필요하다.

네 번째, 정서 지능을 관리해야 한다

'생각한다'라는 행위는 매우 이성적이라서 '기쁘다', '슬프다' 등의 감정적인 마음의 움직임과는 대조됩니다. 예를 들어 '연인이나 친구보다 공부가 먼저다', '출세를 위해서 사생활에 일희일비할 여유가 없다'라는 말은 다소 냉혹하고 무미건조하게 느껴지지만 이치에 맞는 말처럼 들리기도 하지요.

이처럼 감정과 이성은 별개입니다. 일단 기분이나 감정의 문제는 제쳐 두고 눈앞의 일에 집중하고 이성적일 수 있다면 학업도 업무도 효율성이 높아집니다. 하지만 그렇게 할 수 없기 때문에 집중력이 떨어지지요.

인간은 단순한 존재가 아닙니다. 누구나 한번쯤 격한 감정에 사로잡혀서 집중할 수 없었던 경험이 있을 것입니다. 또한 이와 반대로 마음이 차분할 때 공부나 일을 냉정하게 효율적으로 생각하고 처리할 수 있었던 경험도 있겠지요.

이처럼 인간에게 감정 문제와 이성 문제는 서로 떼려야 뗄 수 없는 관계입니다. 그도 그럴 것이 실제로 인간의 감정과 뇌의 인지 메커니즘은 복잡하게 얽혀 있습니다. 그래서 어느 한쪽을 무시하고 다른 한쪽을 활성화하거나 따로 훈련할 수 없습니다.

정서를 관리해야 성적이 올라간다

이런 뇌과학적인 견해에 근거해서 미국에서 널리 확산되는 것이 '사회 정서 학습' 훈련입니다. 사회 정서 학습은 아이의 사회성이나 정서의 인식 및 통제에 관한 학습을 의미합니다. 스트레스를 관리하고 감정을 통제하는 방법과 상대방의 이야기를 경청하고 공감하는 능력(감정 이입)에 대한 훈련입니다. 이 책에서도 다루고 있는 '마음챙김' 등이 그 예이지요.

이런 사회 정서 학습 훈련이 미국에서 인기를 끄는 이유는 아이의 사회성이나 정서 발달을 지원하면 마음 건강은 물론 학업 성적도 크게 향상된다는 사실이 밝혀졌기 때문입니다.

사회 정서 학습 프로그램은 1968년 예일 대학교의 연구를 계기로 미국 교육계에서 활발하게 진행되었습니다. 하지만 이 연구 결과는 미국에만 국한되지 않습니다. 문화가 달라도 동일한 효과를 얻을 수 있습니다. 어느 나라든 아이들에게는 사회 정서 학습 훈련이 효과적입니다.

학업 성적이나 안정된 정서 등 아이의 장래에 유익한 효과를 종합적으로 고려해서 사회 정서 학습 프로그램에 들어가는 자금으로 얻을 수 있는 가치를 계산해 보니 원금의 11배에 이른다는 연구도 있습니다. 아이의 사회성과 정서 발달을 지원하면 학업 성적은 물론 미래의 학력, 수입, 마음 건강 등의 긍정적인 결과를 낳는다는 것이지요.

스탠퍼드식 생각법 POINT
안정된 정서는 심리적인 건강뿐만 아니라 학업 성적에도 긍정적인 영향을 끼친다.

다섯 번째, 창의성을 키워야 한다

"시행착오를 거쳐서 새롭고 유익한 아이디어를 떠올린다."
"참신한 아이디어를 바탕으로 해결법을 생각한다."

이처럼 창의성과 생각하는 힘 역시 서로 떼려야 뗄 수 없는 관계입니다. 아무리 논리를 세워서 생각했더라도 어디선가 벽에 부딪칠 수도 있지요. 이때 창의적인 아이디어가 벽을 뚫을 돌파구가 될지도 모릅니다. 즉 창의성은 생각의 '파워 부스터' 역할을 해 줍니다.

반대로 참신한 아이디어가 떠올랐다고 해서 그것만으로 아무것도 할 수가 없는 경우도 생깁니다. 이럴 때는 떠오른 아이디어가 정말 좋은 아이디어인지, 만일 그렇다면 어떻게 활용할지, 어떤 형태로 구체화할지 등을 생각해 보아야 합니다.

모처럼 떠오른 참신한 아이디어일지라도 이런 부분에 대한 생각을 더욱 발전시키지 않으면 아무 소용이 없습니다. 창의성을 구체적으로 활용하기 위해서는 반드시 생각하는 힘이 필요합니다.

창의적인 아이와 창의적이지 않은 아이

그렇다면 도대체 창의성이란 무엇일까요? 창의성도 훈련할 수 있을까요? 이는 창의적인 아이와 창의적이지 않은 아이는 타고나는 것이 아니냐는 의문에서 비롯된 질문입니다.

설령 창의성 훈련법이 존재한다고 해도 과연 과학적인 근거가 있을까요? 분명 '창의성'이라는 단어는 긍정적인 느낌이 들지만 의미가 모호한 개념 중 하나입니다. 그래서 지금까지 오랫동안 연구가 진행되고 있지요.

다행히 최근 들어 심리학과 뇌과학의 발전으로 그 정체가 서서히 명확해지는 추세입니다. 또한 창의성과 관련된 과학적인 훈련법까지도 제시되고 있습니다. 이런 새로운 견해와 훈련법은 아직 널리 알려지지는 않았지만 조금씩 교육과 비즈니스 분야로 침투 중입니다.

예를 들어 실리콘밸리에 위치한 구글의 '20퍼센트 규칙'이나 교육계에서 화제를 불러 모았던 '지니어스 시간'이 대표적인 사례입니다. 관심 있는 프로젝트에 집중하는 시간을 일정 비율 투자하니 창의성이 높아졌다는 사실이 알려지면서 이러한 방법을 도입하려는 회사나 교육 기관이 늘고 있습니다.

하지만 안 그래도 바쁜 일상 속에서 20퍼센트 규칙이나 지니어스 시간이 없는 경우에는 어떻게 하면 좋을까요? 일상에서 간단하게 실천할 수 있는 창의성을 키우는 방법은 없을까요? 최신 창의성 연구를 바탕으로 한 인간의 창조력 메커니즘과 일상에서 실천할 수 있는 훈련법을 알아볼 예정입니다.

스탠퍼드식 생각법 POINT
생각하는 힘은 창의적인 아이디어를 제대로 활용하기 위해 꼭 필요한 능력이다.

여섯 번째,
철학적으로
생각해야 한다

　스탠퍼드 온라인 하이스쿨에서는 철학을 필수 이수 과목으로 채택했습니다. 그래서인지 철학 사고나 비판적 사고를 학생들에게 어떻게 가르치면 좋을지, 집에서 부모가 직접 실천하려면 어떻게 해야 하는지 등의 질문을 종종 받습니다.

　알 듯 하면서도 모르겠는 철학, 철학이란 도대체 무엇일까요? 철학적으로 생각하려면 어떻게 훈련해야 하는지 감조차 잡기 어려울 수 있습니다. 철학적 사고는 그 분야의 전문가(장인)만 할 수 있을 것 같고 누구나 간단히 익힐 수 없어 보이니까요. 물론 누구에게나 쉽게 가르칠 수도 없겠고요.

철학은 기술처럼 배우는 것이 아니다

'철학 관련 책이나 철학적인 논리를 많이 접하고 경험을 쌓으면 저절로 철학적 사고를 익힐 수 있지 않을까?'

'아이의 철학 사고를 키우기 위해서는 익숙해지는 것이 가장 중요하지 않을까?'

철학이나 철학 사고라고 하면 이런 다양한 의문과 생각이 들기 마련입니다. 어느 정도 일리가 있어 보이지만 사실 지금까지의 연구를 통해서 우리는 정반대의 결과를 얻었습니다.

철학은 기술처럼 익숙해진다고 저절로 습득되지 않는다는 사실입니다. 오히려 철학적 사고, 비판적 사고 등을 가르칠 때는 구체적인 학습 목표를 명시하고 순서를 정해서 가르치는 방법이 효과적입니다.

이를 바탕으로 세계 교육 현장에서는 다양한 형태로 철학을 도입하려는 움직임을 보이고 있습니다. 대학 입학 전에 철학 교육을 추천하는 국제단체나 콘퍼런스가 활발하게 활동하고 있고 '국제 바칼로레아(IB: International Baccalaureate)'로 대표되는 국제 수준의 교육과정에도 철학이 편성되고 있지요. 일본에서도 철학 관련 TV 프로그램이나 서적이 인기를 끌고 있습니다.

그렇다면 구체적으로 아이의 철학 사고를 어떻게 함양하면 좋을까요?

이제부터 철학 사고를 훈련하면 어떤 점이 좋은지, 어떻게 자녀의 철학 사고를 키울 수 있는지 등 스탠퍼드 온라인 하이스쿨과 세계 최고의 교육 현장에서 쓰이는 일상에서 교육법을 제안합니다.

스탠퍼드식 생각법 POINT
철학은 무턱대고 달려드는 방법보다는 철학 사고의 기초가 되는 논리학 원리와 논의 법칙을 배우는 방식이 더 효과적이다.

2장

궁금해하는 아이

스탠퍼드
호기심 교육법

오늘날의 다섯 가지 호기심 유형

아인슈타인이 최고의 물리학자가 된 비결은 무엇일까요? 바로 호기심입니다.

나는 특별한 재능이 없다. 열렬한 호기심이 있을 뿐이다.

- 알베르트 아인슈타인

호기심은 모든 것의 원동력이 되어 줍니다. 호기심이 없으면 아무것도 시작할 수 없지요. 호기심은 생각법을 키우는 첫 번째 필수 요소라고 할 수 있습니다.

이런저런 생각을 떠올리거나 복잡한 문장을 해독하거나 사회적인 난제에 대한 해결책을 찾는 등 생각하는 행위는 스스로 하고자 하는 적극적인 행위입니다. 그렇기 때문에 '알고 싶다'라는 호기심이나 '해 보자'라는 의욕이 없으면 시작조차 할 수 없습니다.

심리학에서 분류한 호기심 유형

이번 장의 주제는 '호기심과 의욕'입니다. 먼저, 호기심에 관한 지금까지의 연구 성과를 소개하도록 하겠습니다. 그러기 위해서는 호기심의 종류에 대해 알 필요가 있습니다. 심리학 연구에 따르면 호기심 유형은 다음과 같이 다섯 가지로 특정됩니다.

- 모르는 것에 민감한 마음: 이 마음은 모르는 것에 대한 결핍을 느끼는 감정을 의미합니다. 실제로 알게 되면 그 결핍은 해소됩니다.
- 탐구를 즐기는 마음: 새로운 것이나 모르는 것을 탐구하고 싶은 기분 또는 그런 탐구를 즐기려는 마음을 의미합니다.
- 다른 사람을 알고 싶은 마음: 주변 사람을 알고 싶은 마음이자 인간의 사회성에서 비롯된 호기심입니다.

- 미지의 스트레스를 견디는 마음: 부정확한 것이나 미지에 대한 공포와 불안, 스트레스를 견디려는 마음입니다.
- 스릴을 추구하는 마음: 새로운 것에 대한 공포와 불안에 흥분하거나 두근두근한 설렘을 느끼는 기분을 의미합니다.

각기 다르지만 비슷한 부분도 있어서 설명을 덧붙이도록 하겠습니다. 일단 '모르는 것에 민감한 마음'과 '탐구를 즐기는 마음'은 동전의 양면과도 같습니다. '모르는 것에 민감한 마음'은 모른다는 사실에 부정적인 결핍을 느끼지만, '탐구를 즐기는 마음'은 이러한 결핍을 채우는 것을 즐기는 긍정적인 기분입니다.

'미지의 스트레스를 견디는 마음'과 '스릴을 추구하는 마음'도 마찬가지입니다. '미지의 스트레스를 견디는 마음'은 불안과 공포 등 미지에 대한 부정적인 기분을 견디는 마음의 움직임인 데 반해, '스릴을 추구하는 마음'은 미지에 대한 불안과 공포를 견디고 더 나아가 흥분과 설렘을 느끼는 긍정적인 기분입니다.

자, 여러분과 아이의 호기심은 각각 어떤 유형이 강하고 약할까요? 각자 자신의 호기심 유형 중 어떤 항목에 해당하는지 확인해 보세요.

나의 호기심 유형을 알아보는 체크리스트

1	모르는 것에 민감한 마음	☐ 난제에 대한 해결법을 생각하면 오밤중에도 눈이 떠지고 만다. ☐ 답을 찾을 때까지 몇 시간이고 문제를 붙잡고 있다. ☐ 답을 찾지 못하면 불안해서 답을 찾으려고 더욱 노력한다. ☐ 풀릴 것 같은 문제에는 불도저처럼 달려든다. ☐ 자신에게 필요한 정보가 수중에 없으면 불안하다.
2	탐구를 즐기는 마음	☐ 어려운 상황은 성장과 배움의 기회라고 여긴다. ☐ 자신이나 세계에 대한 새로운 견해를 제공하는 체험을 항상 추구한다. ☐ 깊이 생각해야 하는 상황을 추구한다. ☐ 모르는 분야를 배우는 것이 즐겁다. ☐ 새로운 정보는 이득이라고 생각한다.
3	다른 사람을 알고 싶은 마음	☐ 다른 사람의 습관에 대해서 아는 것이 즐겁다. ☐ 사람들이 그렇게 행동하는 이유를 알고 싶다. ☐ 다른 사람들이 이야기를 나누고 있으면 무엇에 대한 이야기인지 알고 싶다. ☐ 주변 사람들의 이야기를 듣는 것을 좋아한다. ☐ 누군가 언쟁을 벌이고 있으면 어떤 상황인지 알고 싶다.
4	미지의 스트레스를 견디는 마음	☐ 조금이라도 의심스러우면 시도해 보려고 하지 않는다. ☐ 앞을 알 수 없는 상황에 놓이면 스트레스가 심해진다. ☐ 자신감이 없을 때 좀처럼 새로운 장소에 가보려고 하지 않는다. ☐ 마음이 편하지 않으면 새로운 경험에 나서려고 하지 않는다. ☐ 조금이라도 역전될 가능성이 있으면 집중할 수 없다.
5	스릴을 추구하는 마음	☐ 새로운 일을 시작할 때 불안하지만 어딘지 모르게 기분이 좋고 설렌다. ☐ 스릴이 즐겁다. ☐ 시간적인 여유가 있다면 오히려 두려운 것을 즐기려는 마음에 따라 행동하고 싶다. ☐ 계획된 여행보다 즉흥적인 여행에 매력을 느낀다. ☐ 친구는 예측을 뒤엎을 정도로 스릴 만점인 편이 좋다.

확인해 보았나요? 여기서 우리는 모든 사람이 한 가지 호기심 유형으로 명확하게 분류되지 않는다는 사실을 알 수 있습니다. 누구나 다섯 가지 유형의 특징이 조금씩 섞여 있지요.

스탠퍼드식 생각법 POINT
심리학 연구에서 나눈 인간의 호기심 유형은 다섯 가지이지만, 각각의 호기심 유형으로 명확하게 정의할 수 없다.

호기심의
네 가지
사고방식

　호기심 유형이 다섯 가지나 되므로 호기심 유형에 따른 사고방식의 종류도 꽤 많을 것 같지만 그렇지 않습니다. 지금까지의 연구에 따르면 대부분의 사람은 다음의 네 가지 호기심 사고방식 유형 중 하나로 분류됩니다.

- 설렘형: 전반적으로 호기심이 넘치고 미지의 것이나 새로운 것에 설렘과 매력을 느낍니다.
- 문제해결형: 모르는 것에 민감하거나 미지의 스트레스를 견디는 경향이 비교적 강하고, 다른 사람을 알고 싶다는 마음은 약합니다. 자신이 모르는 것을 조사하고 문제를

꼭 해결해야 하는 유형입니다.
- 친구형: 다섯 가지 호기심 유형 중에서 다른 사람을 알고 싶다는 마음이 제일 강하지만, 미지의 스트레스를 견디는 마음이나 스릴을 추구하는 마음은 다른 호기심 유형에 비해 약합니다.
- 거부형: 거부형에 해당하는 사람은 다섯 가지 호기심 유형이 대부분 약합니다.

잠시 쉬어 가는 시간으로 제 견해에 따라서 각 호기심 사고방식 유형을 애니메이션 캐릭터를 예로 들어서 설명해 보겠습니다.

일단 '설렘형'은 〈드래곤 볼〉의 손오공이라고 생각하면 됩니다. 용기와 호기심이 넘치고 미지의 것이나 스트레스에도 강하지요. '문제 해결형'은 〈명탐정 코난〉의 코난을 떠올려 봅시다. 문제 해결 마인드가 강하지만 주변의 눈치를 살피거나 비위를 맞추지는 않습니다.

'친구형'은 〈마루코는 아홉 살〉의 마루코와 비슷합니다. 주변과 원만하게 잘 지내지만 때로는 덜렁거리기도 하지요. '거부형'은 〈도라에몽〉의 노진구라고 생각하면 됩니다. 호기심도 의욕도 전혀 보이지 않는 다소 부정적인 캐릭터이지요.

호기심이 강하면 행복해진다

호기심 사고방식에 관한 연구에 따르면 '설렘형'에 해당하는 사람은 28퍼센트, '문제 해결형'은 28퍼센트, '친구형'은 25퍼센트, '거부형'은 19퍼센트의 분포를 보인다고 합니다. 또한 호기심 사고방식의 차이로 사람마다 성격이나 인생이 달라진다는 사실도 밝혀졌습니다.

아래 표는 지금까지의 연구 결과를 정리한 것입니다.

호기심 사고방식 분석표

설렘형	• 다른 유형과 비교했을 때 비교적 높은 수입과 학력을 가질 수 있다. • 스트레스에 강하고 어려운 상황에서도 노력할 수 있다. • 흥미나 지식의 범위가 넓고 잡지나 웹 미디어에 시간과 돈을 비교적 많이 할애한다. • 사교적이라 친구가 많고 인적 네트워크도 넓다. SNS 팔로워도 많다.
문제 해결형	• 퍼즐 게임에 빠지기 쉽다. • 묵묵히 업무와 학업에 임하거나 조사하는 것을 좋아한다. • 자립심과 독립심이 강하다. • 폭넓은 흥미보다는 자신만의 고유한 가치관을 추구하고자 한다.
친구형	• 스트레스를 잘 받는 편이지만 사람을 대하는 태도가 좋다. • 주변 사람에게 자기 인생은 불안하지 않다는 인상을 주고 싶어 한다. • 그룹 안에서의 자신의 위치(입장)를 소중하게 생각한다. • SNS를 자주 한다. SNS 네트워크는 '설렘형' 다음으로 넓다.
거부형	• 수입이나 학력이 비교적 낮을 수 있다. • 자신이 사교적이지 않고 교제도 잘 하지 않는다는 것을 인정한다. • '친구형'보다 스트레스를 더 잘 받는다. • 하고 싶은 것이 적고, 지식의 폭과 SNS 네트워크도 좁다.

호기심 사고방식 분석표를 보면 전반적으로 호기심이 강한 사람에게 이로운 점이 많은 것을 알 수 있습니다. 가령 다섯 가지 호기심 유형이 골고루 높은 '설렘형'은 모두 긍정적인 경향을 보이는 데 반해 '거부형'은 되도록 피하고 싶은 경향이 많습니다.

이런 경향은 다른 심리학 연구를 봐도 마찬가지입니다. 호기심이 강한 사람은 읽기 쓰기 능력이나 연산 능력이 높고 전반적으로 성적이 좋습니다. 또한 긍정적인 성격으로 삶에 대한 보람과 희망이 넘칩니다. 즉 호기심은 학업과 업무 성과를 향상시킬 뿐만 아니라 심리 안정과 신체 건강에도 중요한 역할을 하지요.

이를 활용해서 부모와 아이의 성격, 인생을 유형별로 분석해 보면 어떨까요? 만약 기대와 다른 결과가 나오더라도 걱정할 필요가 없습니다. 책 후반부에서 설명할 호기심을 키우는 요령을 시도한다면 호기심은 다시 강해질 수 있습니다.

호기심이 강하면 지능이 높고 안정적이다

최근 뇌과학에서는 높은 호기심을 유지하면 지능과 심리에 좋은 영향이 나타난다는 메커니즘을 밝혀냈습니다.

측좌핵이 활성화되면 도파민이 나오고 해마나 워킹 메모리가 활성화된다.

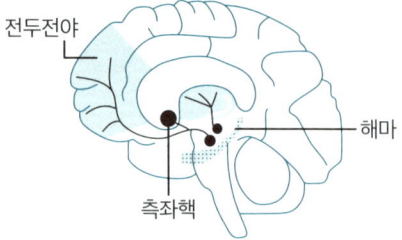

 인간은 무언가에 흥미를 갖거나 새로운 것을 알고 싶을 때 뇌의 측좌핵(側坐核)이라는 부분이 활성화되어 도파민이 분비됩니다. 도파민은 '행복하다', '기분 좋다'라고 느낄 때 뇌에서 분비되는 물질입니다. 그래서 '쾌락 물질'이라고도 불리지요. 또한 도파민은 '워킹 메모리'나 '해마'를 활성화시키는 것으로도 잘 알려져 있습니다.

 여기서 말하는 워킹 메모리란 어떤 일을 현재 의식에 잡아 두고 정리나 조합 등의 명령을 내리는 뇌의 기능입니다. 해마는 기억 정착에 관여하는 뇌의 중요한 부분으로, 위 그림의 사선 부분에 해당합니다.
 예를 들어 조리법을 외우려고 할 때 대상이 되는 조리법을 장기 기억에 남게 하는 역할을 하는 것이 해마이지요. 그리고 기억한 조리법을 떠올리면서 '이렇게 하고, 그다음에는 이걸

하고' 등 눈앞의 도마나 프라이팬 작업에 집중하는 행위는 워킹 메모리 덕분에 가능합니다.

　아이가 알고 싶다고 생각하면 할수록, 즉 호기심이 강하면 강할수록 아이의 뇌에서는 도파민 분비량이 늘어납니다. 호기심이 강한 아이일수록 학습 효과와 행복감이 높아집니다. 호기심은 아이 뇌에 숨겨진 행복과 배움의 특효약인 셈입니다.

스탠퍼드식 생각법 POINT
호기심으로 분비된 도파민이 워킹 메모리와 해마를 활성화시키고, 집중력과 기억력을 향상시킨다.

탐구할 수 있는 환경을 만들어 주자

 그렇다면 아이의 호기심을 어떻게 하면 최대치로 끌어낼 수 있을까요? 드디어 이 질문에 가까이 다가가 파헤쳐 볼 차례입니다. 하버드 대학교 교육 심리학자인 엘리자베스 보나위츠의 연구에서 몇 가지 힌트를 도출해 나가고자 합니다.

 일단 제일 먼저 아이의 호기심을 키운다며 그냥 내버려 두는 것은 효과적인 방법이 아니라고 말하고 싶습니다. '아이가 자유롭게 놀고 이것저것 탐구할 수 있는 환경이 호기심을 키운다'라는 주장에 주의해야 한다는 뜻이지요.

 아이에게는 호기심을 효과적으로 촉진시키는 자극과 지원이 어느 정도 필요합니다. 이를 잘 숙지하고 다음에 나오는 호기심을 키우기 위한 요령을 아이에게 적용해 봅시다.

아이가 추측할 수 있는 상황을 제시하라

일단 아이를 원인과 결과의 관계를 추측할 수 있는 환경에 주목시킵니다. 가령 A 버튼과 B 버튼이 램프에 연결되었다고 가정해 볼까요?

A 버튼을 누르면 램프에 불이 들어오고 B 버튼을 누르면 램프에 불이 들어오지 않습니다. 즉 A만 누르거나 A와 B 모두 누른 경우에는 램프에 불이 들어오지만, B만 누르거나 A와 B 모두 누르지 않은 경우에는 램프에 불이 들어오지 않지요.

여기에서 다음의 두 가지 상황을 생각해 봅시다.

첫 번째, 아이 앞에서 A와 B 버튼을 모두 누르고, 램프에 불이 들어오는 것을 두 번 정도 보여 준 상황.

두 번째, 처음에는 A 버튼만 누르고 램프에 불이 들어오는 것을 보여 준 뒤 B 버튼만 누르고 램프에 불이 들어오지 않는 것을 보여 준 상황.

우리는 첫 번째 상황에서는 어떤 버튼 때문에 램프에 불이 들어오는지 알기 어렵습니다. 하지만 두 번째 상황에서는 A

버튼을 눌렀기 때문에 램프에 불이 들어왔다는 것을 쉽게 알 수 있지요. 실제로 이와 똑같은 상황을 연출하면 아이들은 두 번째 상황인 A와 B 버튼을 따로 누른 상황을 더 흥미롭게 생각합니다.

아이가 무엇인가에 주목하도록 만들려면 처음부터 장황하게 설명하거나 가르쳐서는 안 됩니다. 그렇다고 아이가 이해할 수 없는 것을 아무 설명 없이 주목하라고 해서도 안 됩니다. 아이가 이해할 수 있는 것을 선택해서 어느 정도 패턴을 설명하고, 아이 또한 스스로 추측할 수 있도록 기회를 주는 것이 중요합니다.

당연하게 생각한 것을 비틀어서 생각하자

다음 요령은 아이가 지금까지 '당연시'했던 사실을 살짝 비틀어 보는 방법입니다. 다음의 부모와 아이가 나눈 대화를 살펴봅시다.

부모: 1년은 며칠이지?
아이: 365일이요.
부모: 그렇지. 근데 왜 그렇지?
아이: 지구가 태양 주위를 365일 동안 도니까요.

부모: 맞아, 그렇지. 근데 윤년은? 2월에 하루가 늘어서 29일이 되는 해 말이야.

아이: 그럼 그 해에는 1년이 366일인가요?

부모: 그래, 그럼 윤년에는 지구가 느리게 도는 걸까?

물론 윤년이라고 해서 태양 주위를 도는 지구의 속도가 느려지는 것은 아닙니다. 지구가 태양을 한 바퀴 도는 데에는 실제로 365일보다 조금 더 시간이 걸려서 이를 4년에 한 번씩 윤년이라는 형태로 조정하는 것이지요.

위에 나오는 대화에서는 부모가 이런 원리를 아이에게 직접 설명하지 않았습니다. 윤년이라는 개념을 활용해서 1년의 날수와 지구 공전 주기에 대한 아이의 기존 지식을 '그렇지'라며 확인한 다음 '그럼 이건 어떨까?'라고 질문하며 살짝 비틀어 보았지요.

이처럼 아이가 현재 얼마나 이해하고 있는지를 알아보고자 할 때 직접적으로 새로운 지식을 설명하지 않아도 됩니다. 지금 아이가 이해하고 있는 지식에 의문을 제시하는 형태로 호기심을 자극할 수 있습니다.

무슨 일이 일어날지 질문하자

마지막으로 무슨 일이 일어날지 예측하도록 질문을 던지는 것이 좋습니다. 아이가 스스로 생각해 보기 전에 부모가 무슨 일이 일어날지 설명하지 않고 상황과 전제를 이야기한 뒤에 무슨 일이 일어날지를 자녀에게 묻습니다.

아이의 예측을 들은 뒤에 답을 말해 주는 것이지요. 부모가 미리 질문을 던지면 배움의 효과가 커질 뿐만 아니라 아이의 탐구심도 향상됩니다.

이렇듯 아이에게 처음부터 정답을 알려 줘서 정답과 다른 가능성을 생각하려는 호기심을 짓밟지 않는 것이 가장 중요합니다. 이 세 가지 요령을 꾸준히 잘 접목시켜 나간다면 아이의 호기심을 충분히 키워 줄 수 있을 것입니다.

스탠퍼드식 생각법 POINT
아이의 호기심을 키우기 위해서는 상황을 제시하고, 비틀어서 생각하고, 질문해야 한다.

성장형 사고방식이 중요하다

아이의 호기심을 방해하는 요인 중에서 가장 주목해야 할 것이 있습니다. 바로 아이가 스스로의 능력에 자신이 없거나 실수할까 봐 두려워하는 부정적인 마음가짐을 가질 때입니다.

'이렇게 아무렇게나 탐구하다가 틀리면 어떡하지?'
'처음부터 정답을 물어보는 편이 낫지 않을까?'
'내 능력으로는 여러 방법을 써 봐도 어차피 모를 텐데 선생님께 직접 가르쳐 달라고 부탁하는 것이 낫지 않을까?'
'내가 알 리가 없어!'

이와 같이 자신의 능력에 자신이 없고 자기 마음대로 탐구하고 생각하다 보면 호기심까지 위축되고 맙니다.

성공을 위한 마음가짐

여기서 중요한 것이 바로 '성장형 사고방식'입니다. 성장형 사고방식이란 자신의 지성과 능력이 크게 성장할 수 있다고 믿는 마음가짐입니다. 예를 들어 '오늘은 못하지만 노력하면 할 수 있다'라는 마음가짐이지요. 이 개념은 스탠퍼드 대학교 교육학 교수인 캐럴 드웩의 밀리언셀러 《마인드셋》을 통해서 단숨에 세상에 알려졌습니다.

지금까지의 연구에서 성장형 사고방식을 가진 사람은 다양한 긍정적인 효과를 불러일으킬 수 있다는 결과가 증명되고 있습니다. 새로운 것에 도전하고, 고난과 역경을 견디며 주위의 비판이나 실패를 겪으며 교훈을 얻을 수 있지요. 또한 이런 사람들은 학업 성적이나 업무 성과가 높습니다.

이와 반대로 자신의 지성이나 능력은 타고난 것이라 아무리 노력해도 변할 수 없고 고정되었다고 여기는 마음가짐을 '고정형 사고방식'이라고 합니다. '어차피 나는 능력이 없으니 뭘 해도 바뀌지 않는다'라는 생각이 이 사고방식의 전형적인 표출 방법입니다.

고정형 사고방식에 갇혀 버리면 '실패를 통해서 배운다'라는 긍정적인 의욕이나 분발하고자 하는 의욕이 점점 약해집니다. 이에 따라 잘못하거나 실수하는 상황 자체를 회피하려고 합니다. 또한 '내 능력은 타고났고 노력해도 변하지 않는다'라는 생각에 새로운 것을 탐구하려고 하지 않지요.

부모의 마음가짐을 먼저 바꿔야 한다

아이의 성장형 사고방식을 키우기 위해서는 일단 부모가 먼저 모범을 보여야 합니다. 자녀의 '롤 모델'이 되는 것이지요.

부모가 성장형 사고방식을 실천하면 아이는 부모를 보고 자연스럽게 그런 마음가짐을 배워 나갑니다. 실패나 실수를 기회로 바꾸고 거기에서 교훈을 얻지요. 배우려는 자세와 능력이 부족해도 노력과 훈련을 통해서 필요한 수준까지 도달할 수 있다는 사실을 부모가 직접 보여 주면 됩니다.

이와 반대로 부모가 실패했을 때 곧바로 그만두거나 자신과 주변 사람의 능력을 자기 멋대로 판단하고 새로운 일에 도전하지 않으려는 자세를 보이면 어떨까요? 아이는 고정형 사고방식에 갇혀 버리고 맙니다. 아이 역시 시험 성적이 떨어지면 공부하기를 포기하고, 친구들과 갈등이 생기면 그저 회피할 방법만 찾으려고 하지요. 이렇듯 부모의 자세가 가장 중요합니다.

성장형 사고방식과 뇌과학의 상관관계

여기까지 잘 읽었다면 아마도 이쯤에서 다음과 같은 의문이 생길 것입니다.

'성장형 사고방식이 중요한 것은 알겠는데 왠지 설교 같다.'
'실패를 노력으로 바꿀 수 있다는 것은 단순히 고정관념이 아닌가?'
'그런 고정관념으로 아이를 억지로 격려하는 방법이 과연 좋은 방법일까?'

이런 의문은 매우 자연스러운 반응입니다. 하지만 실패가 기회로 이어지거나 노력하면 자신의 능력을 바꿀 수 있다는 말은 단순히 설교가 아니라 우리 뇌의 기본적인 메커니즘입니다. 최근에 뇌과학이 밝혀낸 사실이지요.

일단 우리가 무엇을 틀리거나 실수했을 때 뇌 안에서는 도파민이 분비되어 신경회로가 업데이트되기 쉬워집니다. 비슷한 환경에서 또다시 같은 실수를 반복하지 않기 위해서 뇌는 회로를 바꿀 준비를 하지요. 실제로 뇌가 효과적인 학습을 위해서 활성화됩니다.

또한 나이를 먹어도 인간의 뇌는 계속 변화합니다. 이런 뇌의 유연한 움직임을 '가소성'이라고 합니다. 뇌의 가소성 덕분에 뇌는 성장형 사고방식의 이미지에 따라서 계속 성장해 나갑니다.

여기서 중요한 점은 이런 뇌과학을 배우면 자신의 뇌와 능력에 긍정적인 이미지가 쌓인다는 점입니다. 자연스럽게 학습 과정에서 나의 능력을 노력으로 충분히 키울 수 있다는 믿음이 생기게 됩니다.

뇌과학을 아이에게 직접 가르친다고 해서 무언가 거창하게 준비하거나 어렵게 생각할 필요는 없습니다. 이 책에서 언급한 실패와 가소성에 관한 뇌 메커니즘이나 후반부에 등장할 뇌과학의 성과를 아이에게 천천히 설명해 주는 것만으로도 충분합니다.

실제로 수학 교육학의 세계적인 권위자인 스탠퍼드 대학교 교 조 볼러 교수는 '유큐브드(Youcubed)'라는 수학 지도 프로그램에서 뇌과학을 학생에게 가르친 다음에 지도 과정으로 들어갔더니 성적이 향상되었다는 것을 증명했습니다.

뇌과학을 아이에게 가르치는 것만으로도 아이의 성장형 사고방식을 지원해 줄 수 있고, 호기심과 의욕을 향상시킬 수 있습니다.

스탠퍼드식 생각법 POINT
자녀의 호기심이나 의욕을 향상시키려면 고정형 사고방식을 피하고 성장형 사고방식을 가질 수 있도록 지원해야 한다.

무심코 저지르는 아이의 호기심을 꺾는 습관

여기까지 부모의 롤 모델 역할과 뇌과학 등을 통해서 아이의 성장형 사고방식을 향상시키는 방법을 살펴봤습니다. 이번에는 이와 반대로 아이가 고정형 사고방식에 빠지지 않도록 지원하는 요령을 알아보고자 합니다.

아이에게 단정 딱지를 붙이면 안 된다

제일 먼저 주의해야 할 점은 아이에게 '단정 딱지'를 붙이지 않는 것입니다. 가령 "너는 여자아이니까 문과야"라는 말에는 큰 위험이 도사리고 있습니다.

이 위험을 이해하려면 먼저 '스테레오타입(Stereotype)'의 개념을 알아야 합니다. 스테레오타입은 인종이나 성별, 연령 등의 속성에 따라서 단정하는 사고방식입니다.

'이 인종은 저 인종보다도 신체 능력이 뛰어나다', '남자가 여자보다 이과 분야에서 우수하다', '어른은 아이보다 기억력이 떨어진다' 등이 그 예이지요. 과학적으로 아무런 상관관계가 없다는 사실이 입증되었는데도 우리 사회에 뿌리 깊게 남아 있는 스테레오타입은 상당히 많습니다.

'스테레오타입의 위협'이란 우리가 부정적인 스테레오타입을 의식하고 있으면 그 스테레오타입대로 현상이 나타나는 것을 말합니다. 스탠퍼드 대학교 클로드 스틸 교수팀의 실험을 계기로 지금까지 폭넓은 연구가 진행되고 있습니다.

만약 '여자는 이과와 맞지 않아'라는 잘못된 스테레오타입이 사회에 공유되었다고 해 봅시다. 이러한 사회 분위기를 인지한 여학생들이 과학이나 수학 시험을 치르면 스테레오타입을 의식하지 않았을 때보다 성적이 떨어집니다. 이런 스테레오타입의 위협은 인종이나 성별, 연령 등에 관한 것은 물론 그 외에 상당히 많이 존재한다는 사실이 지금까지의 연구로 밝혀졌습니다.

아이는 부모가 말한 대로 성장한다

부모는 아이를 교육하는 동안 이런 부정적인 현상이 일어날 수 있다는 점을 충분히 의식하고 있어야 합니다.

예를 들면 "너는 문과 성향이 강하니 수학은 못할 거야"라는 발언이 그렇습니다. 아이를 문과 성향이라고 단정 지으면 '그래서 수학은 못해'라는 부정적인 스테레오타입을 심어 줄 수 있습니다. 이렇게 되면 아이는 '문과는 수학을 못한다'라는 스테레오타입의 위협에 사로잡히고 자연스럽게 수학 성적은 곤두박질칠 수밖에 없겠지요.

또한 학생의 학업 성취도에 따라서 수준을 나누는 것도 생각해 봐야 할 문제입니다. 제가 고등학생이었을 당시 일본은 많은 학교에서 같은 교과목을 수준에 따라서 A반, B반으로 나누어 가르쳤습니다.

이런 편성은 학생의 능력에 단정 딱지를 붙여서 고정형 사고방식을 유발할 수 있습니다. 최근에는 전공 분야별 교육과정이나 반 편성을 없애서 전체적인 학습 효과를 크게 향상시킨 학교도 있습니다.

이처럼 학교 구조나 제도, 부모와 교사의 행동과 발언이 아이에게 스테레오타입을 강요하거나 고정형 사고방식에 빠뜨리는 경우는 다양한 형태로 존재합니다. 이는 지금까지의 연구를 통해서도 명확하게 밝혀졌습니다.

아이의 능력과 성격을 타고난 특징(성별이나 인종, 국적 등)이나 과거의 사고방식에 사로잡혀서 단정 짓는 행동은 고정형 사고방식을 유발하는 것은 물론 스테레오타입의 위협에 노출시킵니다. "너는 공부를 못해"라는 말을 듣고 자라면 공부 못하는 아이가 된다는 사실을 꼭 명심하길 바랍니다.

스탠퍼드식 생각법 POINT
아이에 대해서 이러쿵저러쿵 단정 지으면 아이는 단정 딱지를 의식하게 되고, 그 결과 학습 성과나 사고방식에 나쁜 영향이 미칠 수 있다.

아이의 호기심을 유발하는 칭찬 수업

이제 아이와 함께 있을 때 의식적으로 아이에게 단정 딱지를 붙이면 안 되는 이유를 잘 알았을 것입니다. 그렇다면 구체적으로 아이에게 어떤 말을 건네면 좋을까요? 아이의 성장형 사고방식을 지원하고 의욕과 호기심을 키우려면 어떻게 해야 할까요?

이 질문에 대한 답을 찾으려면 먼저 아이를 칭찬하는 방법에 대해서 살펴봐야 합니다. 칭찬 방법에 대해서는 지금까지 상당히 많은 심리학 연구 결과에서 다루었고, '칭찬하면 좋다', '칭찬하면 나쁘다' 등 다양한 이론이 존재합니다.

하지만 그 방대한 양의 과학 연구 논문을 다 읽을 수 없는 것이 현실입니다. 저는 그중에서 스탠퍼드 대학교 마크 레퍼 교수와 그의 제자인 리드 대학교 제니퍼 헨더롱 교수가 쓴 칭찬 방법에 관한 논문을 참고하고자 합니다. 이 논문에서 명백한 근거가 있는 것만을 선별해 보았습니다.

진실성이 있는 칭찬을 해야 한다

진실성은 기본 중의 기본입니다. 거짓으로 아이를 칭찬하는 행위는 아무런 의미가 없습니다. 오히려 아이가 거짓 칭찬인 것을 알고 나면 역효과만 초래할 뿐이지요.

아마도 부모는 '육아는 ○○해야 한다'는 식의 다양한 교육법을 접하고 이를 의식한 나머지 그렇게 행동했을 가능성이 높습니다. 하지만 진심으로 그렇게 생각하지 않으면서 거짓으로 칭찬을 해서는 안 됩니다.

또한 진심이 담겨 있더라도 너무 추상적이거나 호들갑을 떠는 칭찬도 금물입니다. '세상에서 우리 ○○가 최고야!'라고 칭찬 세례를 해도 금방 자신보다 뛰어난 다른 친구를 만날 수 있기 때문이지요. 이 순간 진실성은 사라지고 맙니다. 따라서 자녀에게 부모의 진심이 그대로 전달되는 형태의 칭찬 방법을 생각해야 합니다.

무엇을 칭찬하는지가 중요하다

재능, 성격 등 비교적 고정적인 성질의 것을 칭찬하는 행동은 피해야 합니다. 가령 "넌 수학 천재구나!", "참 착실하고 모범적인 학생이야!"라는 칭찬은 경계해야 하지요.

단기적인 동기부여는 높아지지만 장기적인 동기부여의 측면에서는 위험하기 때문입니다. 또한 앞서 언급했듯이 생각지도 못한 형태로 고정형 사고방식을 유발하거나 스테레오타입의 위협에 노출될 수도 있습니다.

반면 아이의 '노력'을 칭찬하는 것은 매우 효과적입니다. 수학적인 재능이나 성과만 칭찬할 것이 아니라 "연산 연습을 많이 했더니 실력이 좋아졌구나!", "노력하니까 점점 혼자 할 수 있게 됐네!"라는 말처럼 노력한 과정을 칭찬해 주는 것이 좋습니다.

하지만 이때 역시 주의해야 할 점이 있습니다. 노력을 너무 강조해서는 안 됩니다. 무엇이든지 균형이 중요합니다.

예를 들어 매우 간단한 작업을 할 때 노력을 강조한다면 아이는 간단한 작업에도 노력이 필요하다고 생각하게 됩니다. 자신의 능력이 낮아서 노력해야 한다는 생각은 의욕 저하로 이어질 수 있습니다. 노력을 칭찬할 때는 상황에 맞게 적당히, 진실성을 전달하려는 마음가짐으로 해야 합니다.

칭찬으로 통제해서는 안 된다

아이를 칭찬하는 이유를 솔직한 마음으로 되돌아볼까요? 칭찬을 통해서 아이의 행동을 통제하려는 것은 아닌지 되새겨 보는 것이지요.

만약 그렇다면 칭찬을 멈춰야 합니다. 아이는 부모의 칭찬이 자신을 통제하려고 하는 칭찬인지 아닌지를 매우 민감하게 알아냅니다. 이렇게 되면 진심을 담아서 건넨 칭찬을 곧이곧대로 받아들이지 못하고, 결국 부모와 아이 사이가 멀어질 수도 있습니다.

또한 칭찬으로 아이가 어떤 행동을 반복하게 하는 데 성공했더라도 그때 뿐일 수 있습니다. 용돈이나 게임 등의 보상과 마찬가지로 외적 동기부여로 전락하고 마는 것이지요. 결국 아이는 자신이 해야 할 일을 어떤 보상이 있을 때만 하게 됩니다. 칭찬받지 못하면 공부도, 누군가를 도와주지도 않지요.

능력을 비교하는 칭찬은 좋지 않다

아이에게 잘한 일을 칭찬할 때 "반에서 1등이네!", "○○보다 잘했구나!"와 같이 다른 친구와 비교하는 행동은 자제해야 합니다. 하지만 이를 의식하고 있더라도 무심코 입에서 툭 튀어나오는 것이 육아의 현실이지요.

간혹 주변 친구와 비교해서 아이의 의욕이 향상되는 효과를 경험한 부모도 있습니다. 비교하며 건넨 칭찬은 아이에게 일시적으로는 강한 동기부여를 줄 수 있기 때문입니다. 하지만 문제는 장기적인 동기부여입니다. 상황이 바뀌거나 등수가 떨어지거나 비교 대상보다 나쁜 평가를 받는 일은 언젠간 반드시 일어납니다.

이렇게 되면 동기부여는 급격히 낮아집니다. 실제로 비교하며 하는 칭찬은 앞서 언급한 재능이나 성과를 두고 칭찬하는 것보다 훨씬 더 질이 나쁜 칭찬입니다. 주변과의 비교는 외적 동기부여에 해당하기 때문에 장기적으로 의욕이나 성과만이 아니라 심신의 건강에 악영향을 미칠 수 있습니다.

아이의 능력을 칭찬할 때 "지금 한 것을 보니 정말 잘하는구나!"라는 말처럼 현재 잘 해낸 것을 긍정적으로 말해 주세요. 결과를 얻은 그 자리에서 바로 칭찬하면 능력이나 종합적인 성과를 직접 언급하지 않아도 되고, 아이에게 그런 능력이 있다는 사실을 더 쉽게 전달할 수 있습니다.

스탠퍼드식 생각법 POINT

칭찬에도 구체적인 방법이 있다. 특히 재능, 성격 등 고정적인 성질의 것을 칭찬하기보다는 노력에 초점을 맞춘 칭찬이 좋다.

3장

스스로 행동하는 아이

스탠퍼드
자율성 교육법

자율성이란
무엇일까?

자, 이번 내용은 생각하는 힘의 두 번째 필수 요소, 자율성입니다. 앞에서 살펴본 바와 같이 생각하는 행위는 자율적인 활동입니다. 스스로 의도하지 않으면 생각할 수 없지요. 따라서 이번 장에서는 자율성에 초점을 맞추고 아이의 자율성을 어떻게 이끌어 낼지에 대해서 심리학적인 관점에서 살펴보고자 합니다.

아이에게 생각하는 힘을 길러 주고자 할 때 부모가 의식해야 할 자율성이란, 무언가에 의한 강요가 아니라 자신의 의사와 판단에 따라서 스스로 하고자 하는 마음의 움직임입니다.

이러한 움직임은 인간의 뇌가 가진 근본적인 기능 중 하나이자 인간이 가지고 태어나는 기초 능력 중 하나입니다. 예를 들어 아기는 누가 시키지 않아도 스스로 눈앞에 있는 장난감을 가지고 놀고, 자연스럽게 옹알이를 하지요. 이것은 어떤 보상을 받기 위한 행동이 아닙니다.

부모라면 그런 자연스러운 능력을 방해하지 않고 최대치로 끌어내기 위한 지원을 아끼지 말아야 합니다. 그런데 아이를 위하는 마음이 크면 클수록 부모는 '이렇게 시켜야겠다', '그렇게 해야 해' 등 아이가 하고자 하는 방식을 제한하거나 강요하기 쉽습니다.

게다가 요즘은 '다른 애도 하는데 우리 애도 해 줘야지', '다른 애보다 더 많이 시켜야 해'라고 생각하며 아이를 통제하려는 부모도 많아지고 있지요.

자율성과 독립성은 다르다

그럼 자율성을 키우려면 부모는 어떤 행동을 자제해야 할까요? 이와 반대로 적극적으로 취해야 할 행동은 무엇일까요? 그전에 다시 한번 생각해 볼 점이 하나 있습니다. 아이의 자율성을 키우고 지원하는 것이 왜 좋은지에 대해서입니다.

'아이가 원하는 대로 하게 두면 협력심 없이 자라지는 않을까?'라는 걱정이 들 수도 있습니다. 그러나 자율성은 '자기 멋대로' 또는 '아무런 제한 없이 자유롭게'와는 다른 개념입니다. 자율성을 지속하려면 자기 의사에 따라, 스스로 좋아서, 주변 사람에게 협조하면서 협업을 하거나 적극적으로 규칙을 지켜야 합니다.

아니면 '너무 일찍부터 아이에게 자율성을 부추기는 것은 안쓰러워. 아직 주변의 도움이 필요한데…'라는 걱정이 들 수 있습니다. 이 역시 자율성을 '주변의 도움을 필요로 하지 않는 것', '독립' 등의 개념과 구별해서 생각하지 않아서 그렇습니다. 자율성이 높으면 다른 사람의 도움을 받거나 도움을 주면서 하고 싶은 일을 자율적으로 이룰 수 있습니다.

스탠퍼드식 생각법 POINT
자율성을 길러 주는 것과 아이가 제멋대로 행동하게 내버려두는 것은 다르다.

자율성과 행복의
과학적
상관관계

 자율성과 도움을 필요로 하지 않는 것이 다르다는 사실을 알아도 '아이 스스로 하고자 하는 마음을 지원하는 것이 왜 이토록 중요할까?'라는 의문이 남을 수 있습니다. 이 의문에 대한 답을 최근 심리학 연구가 찾아냈습니다. 아이의 자율성이 높아지면 다음과 같은 효과가 있다고 합니다.

'행복감과 자기긍정감이 상승한다.'
'사회에 공헌하고자 하는 마음가짐이 커진다.'
'호기심과 의욕이 강해진다.'
'자신감이 커진다.'

'학교가 좋아져서 학업과 방과 후 활동에 적극적이다.'

이에 더해 자율성이 자녀의 심리와 의욕에 큰 영향을 미치는 근거로 '자기 결정 이론'이라는 심리 이론을 조금 더 자세하게 살펴보도록 하겠습니다.

중심 개념은 다음과 같이 설명할 수 있습니다.

동기부여의 기반은 타인과의 유대 감각(관계성), 자신이 할 수 있는 것에 대한 감각(유능성), 자신이 결단을 내린 것을 자신의 의사에 따라서 해내는 감각(자율성)이다. 이들 '심리 3대 욕구'가 충족되면 인간의 마음은 충족된다. 또한 이렇게 마음이 충족된 것에 대해서 우리는 강한 동기부여를 느낀다.

따라서 아이의 자율성을 지원하면 마음이 안정되고 의욕 상승과 자신감 강화로 이어지게 됩니다. 또한 이렇게 해서 마음이 충족되면 성과도 향상되어 '유능감'으로 이어질 수 있습니다. 그리고 자율성을 지원하려고 아이의 의사를 존중하면 훨씬 좋은 '관계성'을 형성할 수 있습니다.

이처럼 '자율성 지원형 육아'는 인간의 심리 3대 욕구를 모두 충족시키기에 아이의 마음에 긍정적인 흐름, 즉 선순환을 만들어 줍니다.

아이를 위한다는 착각에서 빠져나오자

일단 자율성 지원형 육아를 하려면 '통제형 육아' 습관을 버려야 합니다. 통제형 육아란 아이에게 '이렇게 해라', '저렇게 해라'라며 지배적인 압박을 가해서 위협적으로 아이를 통제하는 육아 습관입니다.

물론 부모는 압박이나 위협이 상당히 나쁘다는 사실을 알고 있습니다. 하지만 대개 아이를 위해서 고민 끝에 내린 결정이라며 '이렇게 할 수 있도록', '저렇게 할 수 있도록' 하며 무심코 통제형 육아에 사로잡히고 맙니다. 흔히 일어나는 일이지요.

하지만 지금까지의 연구에 따르면 통제형 육아는 아이에게 매우 심각한 악영향을 끼칩니다. 아이에게 '이렇게 해라', '저렇게 해라'라며 정신적인 압박을 주면 심리 3대 욕구 중 하나인 자율성이 꺾이기 때문입니다.

이때 아이의 반응은 두 가지 유형으로 나뉩니다. 하나는 부모의 통제가 싫어도 꾹 참고 따르는 유형입니다. 이는 부모의 통제를 어떤 형식으로든 마음속으로 받아들인다는 의미에서 '내면화'라고 합니다.

부모는 이 모습을 보고 '아이가 참고 견디다 보면 나중에 재능을 꽃피우고 행복을 손에 넣는다'라는 '신데렐라 스토리'를 꿈꾸기도 합니다. 하지만 통제형 육아가 내면화로 이어지면 불안증이나 우울증, 섭식 장애 등의 위험성이 높아집니다.

또 다른 하나는 부모의 통제를 내면화하지 못하고 거부하는 유형으로, '외면화'라고 합니다. 일찍부터 부모의 엄격한 통제를 피해서 부모와 연을 끊고 자신의 강한 의지로 큰 꿈을 이루는 성공 신화를 의미하지요. 하지만 외면화에 빠진 아이는 감정 통제가 어렵고 반사회적인 행동을 보이기도 합니다.

스탠퍼드식 생각법 POINT
아이의 자율성을 이끌어 내려고 했던 육아 방법이 오히려 아이를 통제하는 행동이었는지 되돌아봐야 한다.

통제형 육아에서 벗어나야 한다

통제형 육아에 빠지지 않으려면 구체적으로 어떤 행동을 조심해야 할까요? 통제형 육아의 전형적인 모습은 다음과 같이 정리할 수 있습니다.

1. 벌을 주고 협박한다.

"이렇게 안 하면 ○○ 못 하게 할 거야."
"이렇게 안 하면 ○○할 테니까 그런 줄 알아!"

아이에게 무엇인가를 시키거나 그만두게 하려고 할 때 물건이나 재미를 빼앗거나 벌로 협박하고 압박하는 행동을 한 경험이 있나요? 과학적으로도 협박이 아이의 심리나 성과에 악영향을 미친다는 사실이 밝혀졌습니다.

2. 성과를 기대하고 부담을 준다.

주변 친구보다 좋은 성적을 기대하며 부담을 주거나 특별한 재능을 키워 주겠다며 아이가 원하지도 않는데 배움을 강요하는 행동은 자제해야 합니다. 아이가 스스로 선택해서 무엇인가를 하려는 즐거움을 인정하지 않고 부모 혼자 높은 성과를 기대하고 막무가내로 밀어붙이는 행위 역시 마찬가지입니다.

대게 부모는 기대를 걸면 걸수록, 용기를 북돋아 주려고 하면 할수록 '우리 ○○라면 할 수 있으니 해야지!'라는 말을 자주 하게 됩니다. 물론 아이에게 의욕을 북돋아 주고 싶어서 무심코 이런 말을 할 수도 있습니다. 하지만 부모의 기대와 정반대의 효과가 나타날 수 있으므로 반드시 주의할 필요가 있습니다.

3. 죄책감이 들 정도로 혼낸다.

아이가 하지 말아야 할 행동을 했을 때 대개 부모는 "무슨 짓을 한 거야? 그럼 안 되잖아!"라며 감정적으로 격하게 화를 냅니다. 이때 아이는 마음에 상처를 받거나 때로는 수치스럽다고 느끼고 죄책감마저 느낄 수도 있습니다.

물론 나쁜 일은 나쁘다고 정확하게 지적해야 합니다. 아이의 미래를 위해서도 그래야 하지요. 하지만 이렇게 생각하면 할수록 부모는 아이를 훈육할 때 더욱 엄해지기 마련입니다.

아이에게 심한 죄책감이나 수치심을 줄 정도의 훈육은 역효과만 초래할 뿐입니다. 아이에게 그렇게 행동하면 안 되는 이유를 천천히 설명하면서 훈육하는 것과 심한 죄책감이나 수치심을 느낄 정도로 감정적으로 다그치는 것은 전혀 다릅니다.

자신의 모습에서 이러한 통제형 육아 습관이 발견된다면 지금 당장 개선해야 합니다. 지금까지 밝혀진 통제형 육아의 비극을 피하기 위해서라도 평소에 그렇게 하지 않겠다는 마음가짐이 중요합니다.

피해야 할 대화의 3대 원칙

자, 이제 의식해서 실천해야 할 자율성 지원형 육아에 대해서 살펴볼 차례입니다. 자율성을 높이는 기본 요소에는 공감, 설명, 결정이 있습니다. 이들 기본 요소는 일찍부터 임상 심리학에서 자율성 지원 모델로 주목받았고, 그 효과도 지금까지 상당히 많이 증명되었습니다.

자율성의 기본 요소를 이해하기 위해 일단 아이가 해야 할 무언가를 싫어하는 상황을 가정해 봅시다. 숙제도 좋고 방 청소도 좋고 다 좋습니다. 여기서는 제가 강연이나 온라인 강좌에서 자주 받는 대표적인 상담 사례 중 하나인 학원에 가기 싫어하는 경우를 예로 들어 보겠습니다. 이때 부모는 아이에게 어떤 말을 건네면 좋을까요?

다음에 나오는 세 가지 행동은 아이와 대화할 때 피해야 합니다.

1. 끊임없이 실랑이한다.

부모와 아이가 '그래도 가야지!', '가기 싫어요!'라며 서로 주장만 펼치며 실랑이를 벌이는 행동은 대립의 감정만 키울 뿐입니다. 학원에 가기 싫은 마음은 더 커질 것이고 부모와의 관계는 악화될 수밖에 없습니다.

2. 벌로 협박한다.

아이를 벌로 협박하는 행동은 앞에서 언급했던 통제형 육아 습관입니다. "오늘 안 가면 게임 시간은 없을 줄 알아!"라는 말이 그 예이지요. 아이의 '가기 싫다'라는 마음은 사라지기는커녕 계속 남을 것이고, 장기적으로 부모와 아이 사이의 관계, 아이의 성적 등에도 나쁜 영향을 미칠 뿐입니다.

3. 보상으로 해결한다.

"갔다 오면 게임하게 해 줄게"라는 표현처럼 아이를 용돈이나 그 외의 보상으로 낚아서는 안 됩니다. 용돈과 같은 외적 동기부여는 단기적으로 아이의 의욕을 끌어낼 수 있을지는 몰라도 장기적으로 보면 나쁜 영향을 유발합니다.

자율성 지원형 육아의 3대 원칙

다음으로는 자율성 지원형 육아의 세 가지 기본 요소인 공감, 설명, 결정을 활용한 대응 방법입니다.

1. 공감으로 시작한다.

일단 아이가 왜 가기 싫은지 그 감정과 마음을 이해하는 것부터 시작해야 합니다. 아이가 힘들어하고 싫어하는 마음을 이해하고 있다는 사실을 전달해야 하지요. 가령 "가기 싫구나", "그래 힘들지"라는 말이 효과적입니다.

이러한 표현은 아이가 싫어하거나 거부하는 상태를 옳다고 인정하는 말이 아닙니다. 어디까지나 아이가 학원에 가기 싫어한다는 사실을 받아들이고 이해했다는 점을 전달할 뿐이지요. 이 부분이 가장 중요합니다.

또한 공감을 표현하고 왜 학원에 가기 싫은지 자세하게 물어보거나 아이와 함께 고민해 보는 시간을 가져 보세요. 아이의 감정과 기분을 이해하려는 자세를 보여 줄 수 있습니다.

2. 해야 하는 이유를 설명한다.

아이의 감정과 기분에 공감을 표현한 뒤에는 해야 하는 이유에 대해서 천천히 설명해야 합니다. '해야 할 일은 꼭 해야 한다'가 아니라 아이가 이해할 수 있도록 '왜 해야 하는지', '하면 왜 좋은지'에 대해서 설명하는 것이지요. 또는 해야 하는 이유를 아이와 함께 생각해 보거나 아이가 혼자 생각할 수 있도록 시간을 주는 것도 좋습니다.

가령 앞에서 예로 든 학원에 가기 싫다는 아이의 경우 학원에 가서 공부하면 자신이 세운 목표에 한발 가까이 다가갈 수 있지만 학원에 가지 않으면 그 목표에서 멀어진다는 점을 자세하게 설명합니다. 억지로 시키거나 부담을 주는 것이 아니라 아이가 해야 하는 이유를 납득하면 내발적 동기부여를 유발할 수 있습니다.

부모가 아이에게 무엇인가를 시키려는 생각은 아이가 할 수 있다고 믿기 때문입니다. 아이에게 왜 그렇게 믿고 있는지 자세하게 설명해 주면 좋습니다. 그러면 아이가 부모와의 깊은 유대감을 느끼고 자신의 유능감을 내적 동기부여로 바꿀 수 있습니다.

3. 아이가 스스로 결정하도록 만든다.

하기 싫은 일을 해야 할 때는 아이에게 반드시 스스로 결정할 수 있는 기회를 주는 것이 중요합니다. 예를 들면 몇 가지 방법을 두고 선택지를 준비해 줘야 하지요. 학교 숙제라면 언제 할지, 어디서 할지, 어떤 과목을 할지, 청소라면 어느 방을 어떤 도구로 청소할지 등을 물어 보세요.

스스로 결정하는 과정을 거치며 아이의 자율성을 키우고 내적 동기부여도 향상시킬 수 있습니다. 또한 학년이 올라가면 스스로 학습 목표나 학습 계획을 세우도록 하는 것도 효과적입니다.

스탠퍼드식 생각법 POINT
통제형 육아 습관을 버리기 위해서는 공감, 설명, 결정에 집중해야 한다.

자율성과 '어리광 받아 주기'는 다르다

 자율성 지원을 주제로 강연이나 수업을 진행할 때 공감에 대한 질문을 가장 많이 받곤 합니다.

 그중 하나가 "우리(부모)는 해야 한다고 생각하는데 아이는 그렇게 생각하지 않을 때 어떻게 공감할 수 있나요? 무리가 아닌가요?"라는 질문입니다.

 부모라면 누구나 할 수 있는 고민이지요. 이 책에서 말하는 공감은 조금 다릅니다. 만약 내가 행복한 신혼 생활을 보내고 있어도 소중한 친구가 실연을 당하고 슬퍼한다면 가슴이 얼마나 아플지 이해할 수 있지 않은가요?

 여기서의 공감은 상대방의 입장이 되어서 그런 상황에 처한다면 어떤 기분일지 상상해 보는 것입니다. 실제로 상대방과 똑같이 실연을 당하고 마음의 상처나 슬픔을 체험할 필요는 없지요.

내가 아닌 아이의 입장에서 생각해야 한다

이처럼 자신의 기분은 살짝 제쳐 두고 상대방의 입장이 되어서 상대방의 기분을 느껴 보는 것, 이를 '인지적 공감'이라고 합니다. 아이가 해야 할 일을 하지 않고 거부할 때는 그런 아이의 감정을 비난하거나 다그칠 때가 아닙니다. 일단 인지적 공감을 보여 주는 것부터 시작해야 합니다.

이와 관련해서 자주 받는 또 다른 질문은 "해야 할 일을 하지 않는 아이에게 공감하는 행동은 아이의 어리광을 받아 주는 일 아닌가요?"입니다. 아이에게 공감을 표현하면 아이가 그 일을 하지 않을 것이 뻔하다는 말이지요.

그래서 부모는 어리광을 받아 주지 않고 '어서 해!'라는 강한 메시지를 전달해야 한다고 생각합니다. 필요하다면 엄하게 훈육을 해야 한다고 다짐까지 하지요. 부모라면 누구에게나 나타날 자연스러운 반응입니다. 하지만 저는 이 질문에 대해서 몇 가지를 지적하고자 합니다.

아이에게 공감을 표현하는 일과 해야 할 일은 해야 한다며 엄하게 훈육하는 일은 다르지 않습니다. '하기 싫구나. 맞아, 이거 참 힘들지'라고 공감해 주고, 해야 하는 이유에 대해 천천히 설명하면 얼마든지 아이를 설득할 수 있습니다.

그리고 아이의 자율성을 지원할 때 감정에 치우쳐서 아이의 기분을 무시하거나 필요 이상으로 아이에게 고압적인 자세를 취하는 행동은 주의해야 합니다. 이렇게 되면 통제형 육아에 빠지게 되어 앞서 언급했듯이 나쁜 결과만 초래할 뿐이지요.

아이의 어리광을 받아 주지 않는 것과 감정적으로 혼내는 것은 다릅니다. 아이의 감정을 받아들인 뒤에 이성적으로 해야 할 일을 설명하는 것이 자율성 지원형 육아의 기본입니다.

마지막으로 균형이 중요하다는 점을 기억합시다. 아이에게 지나치게 공감하려다가 중요한 메시지를 전달하지 못하거나 해야 할 일을 제대로 설명하지 못한다면 의미가 없습니다.

스탠퍼드식 생각법 POINT
아이의 입장이 되어 아이의 기분을 제대로 느껴 보는 인지적 공감의 자세가 필요하다.

아이의 자율성을 결정짓는 첫 마디

 여기에 더해서 부모는 아이에게 공감을 표현할 때 건네는 첫 마디에 세심한 주의를 기울여야 합니다. 첫 마디가 아이와의 소통으로 이어질지 아니면 마음의 문을 닫게 만들지를 결정하는 중요한 갈림길이 되기 때문이지요.

이해하려는 자세를 보여 줘야 한다

 부모라면 누구나 아이에게 다가가 공감해 주고 이해해 주고 싶지요. 소중한 아이에게 이런 마음이 드는 것은 자연스러운 현상입니다.

하지만 가뜩이나 힘든 아이에게 부모가 다 안다는 듯이 "잘 알지"라고 말하면 '어른이 뭘 알겠어!', '이런 특별한 감정을 알 리가 없지!'라는 반발심만 살 뿐입니다. 이렇게 되면 오히려 대화와 소통의 문은 닫히고 아이에게 알려 줘야 할 것을 전달할 수 없게 됩니다.

일단 아이에게 '너를 이해하려고 한다'라는 자세를 보여 주는 것이 순서입니다. 절대로 '나도 너와 똑같이 느낀다'거나 '네 기분을 이해하는 것은 아주 쉬운 일'이라는 듯이 행동해서는 안 됩니다.

아이의 마음을 표현하는 말로 아이가 어떤 생각을 하는지 이해하고 싶은 마음을 명확하게 전달해야 하지요. 또한 "맞아, 이 문제 어려워. 엄마도 어렸을 때 정말 어려웠어" 등 아이와 같은 입장에 처했을 때 어떤 생각을 했는지를 부드러운 표현으로 전달하는 방식도 효과적입니다.

어른의 입장에서 아이의 기분을 단정하는 말은 아이에게 건네는 첫 마디로 적합하지 않습니다. "그 기분 알지!"라는 말은 감정이 극에 달했던 아이의 상태가 조금 가라앉거나 부모의 말에 몇 번 정도 차분하게 대답할 수 있을 때 또는 어느 정도 공통의 이해가 형성되었을 때 건네는 편이 좋습니다.

아이의 기분을 함부로 판단해서는 안 된다

아이가 힘들거나 어려운 상황을 공유하고 싶어 할 때 대개 부모는 "어렵지 않아", "대단한 것도 아닌데"라며 아이의 마음을 가라앉히려고 노력합니다. "걱정하지 마", "괜찮아", "신경 쓰지 마"라는 말도 마찬가지입니다. 모두 자식을 생각하고 위하는 마음에서 건네는 따뜻한 말이지요.

다만 아이에게 건넬 '첫 마디'로는 적합하지 않은 것이 문제입니다. 이런 따뜻함과 자상한 말은 꾹 참고 조금 나중에 해야 훨씬 더 효과적입니다.

아이가 "못 하겠어요", "힘들어요"라고 표현했을 때 일단 "어렵지?", "그래, 힘들지"라며 아이의 기분과 감정을 인정하는 것이 순서입니다. 아이가 자기 나름대로 힘든 상황을 겪고 말했는데, 부모가 "어렵지 않아", "괜찮아", "신경 쓰지마"라고 답하는 것은 아이의 상황을 정면으로 부정하는 꼴이지요. 아이가 더 이상 말하기를 포기할 수도 있습니다.

첫 마디로는 적합하지 않으니 삼가는 것이 좋고, 더 명확하게 아이에게 공감과 이해를 표현할 수 있는 말부터 건네도록 합시다. 그런 다음에 아이와 대화가 길게 이어지면 조금씩 격려의 말을 건네면 됩니다.

다음은 한 아버지와 아들의 대화입니다.

아들: 어제 학교에서 발표회가 있었는데 그만 실수하고 말았어요. 반 친구들을 볼 자신이 없어요. 학교 가기 싫어요.

아버지: 그게 무슨 소리냐? 아빠는 옛날에 너보다 더한 실수도 했어. 그 정도 실수는 괜찮아. 무대에서 떨어져서 크게 안 다친 게 얼마나 다행이냐.

어떻게 보면 지극히 평범한 대화입니다. 물론 이대로 일이 잘 마무리되는 경우도 종종 있습니다. 하지만 이 대화에서 각별히 주목해서 살펴봐야 할 요소가 있습니다.

일단 아버지가 부정적인 말로 대화를 시작했다는 점입니다. 물론 아이의 마음이 다쳤을까 봐 별일 아니라는 듯이 한 말이겠지요. 하지만 앞에서 언급했듯이 공감부터 시작하는 대화가 가장 좋습니다.

그리고 아버지는 자식을 격려하려는 자상한 마음에 '더 심한 상황까지 가지 않아서 다행이다'라는 취지의 말을 건넸습니다. 이런 메시지는 아이의 입장에서 보면 자기 기분을 부모가 자기 멋대로 단정하거나 부정한다고 받아들일 수도 있습니다. 아이에게 학교 발표회는 중대한 사항인 만큼 실수를 했으니 최악의 발표회처럼 느껴졌을지도 모르지요. 그런데 부모가 '그렇지 않다'라며 부정부터 해 버리면 아이와의 대화가 여기서 끝이 날 수도 있습니다.

따라서 아이에게 첫 마디를 건넬 때 최악의 상황을 예로 들어서 아이의 기분과 상황을 축소하려는 말은 피해야 합니다. 만약 그런 말을 건네고 싶다면 대화를 길게 이어나가면서 조금씩 공통의 이해가 형성된 뒤에 하는 것이 현명하지요.

스탠퍼드식 생각법 POINT
아이에게 건네는 첫 한마디가 공감과 대화가 이어질지 아닐지를 좌우한다.

장기적인 습관을 길러 주자

아이의 자율성을 높이기 위해서는 공감, 설명, 결정이 중요합니다. 그렇다면 아이가 싫어하는 일을 스스로 할 수 있게 하려면 어떻게 해야 할까요? 이는 하루아침에 되는 일이 아닙니다. 장기전을 각오하고 끈기 있게 자율성의 기본 요소를 실천하면서 아이와 함께 조금씩 노력해 나가야 합니다.

일시적인 변화 뒤에 원래 자신의 모습으로 돌아가는 것은 순식간입니다. 이는 어른도 아이도 마찬가지입니다. 가령 아이의 '교과목 편식 문제'가 그렇습니다. 예전에 다음과 같은 사례로 상담을 진행했던 경험이 있습니다.

"예전에는 숙제 관련해서 아이와 자주 부딪히고 싸웠지만 오랜 노력 끝에 지금은 문제없이 잘 합니다. 다만 영어를 싫어해서 영어만 유독 필요한 정도만 겨우 하려고 해요. 좋아하는 과목인 수학에만 많은 시간을 할애해요. 혹시라도 나중에 만회할 수 없을 만큼 영어 실력이 떨어질까 봐 걱정스러워요. 그래서 적어도 영어 단어만이라도 외우는 습관을 들이고 싶은데 어떻게 하면 좋을지 모르겠어요."

교과목 편식만이 아니라 말투나 행동에 관한 것 등 아이마다 서툴거나 하고 싶지 않은 것은 다양합니다.

아이에게 필요한 습관화 요령

습관이란 강한 의지로 어떤 일정한 상황에 놓이면 저절로 그렇게 되는 행동을 말합니다. 아이에게 좋은 습관을 만들어줄 수 있도록 지금까지의 심리학 연구 성과를 반영한 습관화 요령을 소개하도록 하겠습니다.

1. 해야 할 일의 목적과 이유를 생각하게 한다.

일단 아이의 의욕을 끌어올리려면 아이에게 그것을 하면 왜 좋은지에 대해서 이해시켜 주어야 합니다. 또한 아이가 스스로 '그 일을 할 수 있다'라고 확신하게 만드는 믿음도 중요하지요. 자율성이 높아지면 아이가 스스로 생각하고 납득함으로써 본인의 싫은 감정을 쉽게 극복할 수 있습니다.

예를 들어 앞에서 나온 영어를 싫어하는 아이를 예로 들어 볼까요? 좋아하는 분야가 무엇인지부터 시작해서 장래 목표를 위해서 영어가 중요하다는 점을 설명하는 것이 순서입니다. 아이 스스로 왜 중요한지를 생각하게 만들 기회를 주는 것이지요. 어쩌면 대학 입시나 그 이후의 직업에도 영향을 미친다는 것까지 내다볼 수 있을지도 모릅니다.

또한 이때 심리 3대 욕구, 즉 다른 사람과의 유대감, 자신의 능력, 자율성으로 이어질 수 있다면 더욱 좋습니다. 가령 영어를 잘하면 어떤 기분일지, 왜 자신에게 좋은지(유능감) 등을 생각해 보도록 하는 과정이지요.

이때 자신이 자율적으로 세운 목표에 어떻게 하면 가까이 다가갈 수 있는지(자율성), 자신이 어떻게 타인과 사회의 목적에 공헌할 수 있는지(유대감) 등을 구체적으로 생각할 수 있도록 이끌어 자녀의 생각법을 키워 줍시다.

2. 가능하면 조금씩 늘려 나간다.

하기 싫은 마음을 극복하고 그것을 습관화하기 위해서는 아이의 뇌가 새로운 행동 양식에 적응하는 시간이 필요합니다.

그러려면 작은 보폭으로 조금씩 시작하는 것이 중요하겠지요.

앞서 영어를 싫어하는 아이의 경우 일단 매일 5분씩 단어를 암기하는 것부터 시작하면 좋습니다. 익숙해지면 1주일 후에 5분을 더 늘리거나 시간이 아니라 단어 개수나 단어장 수로 정해도 좋습니다. 또는 단어 한 개씩, 단어장 한 장씩 늘려나가는 방법도 있습니다.

천천히 시작해서 아이가 과정에 익숙해지면 조금씩 늘려나가는 것이 무엇보다 중요합니다. '방식을 확 바꿔야 습관화하기 쉽다'라는 의견도 종종 접하긴 합니다. 하지만 저는 뇌과학적인 근거에 비추어 추천하지 않습니다. 아이의 뇌가 적응하려면 충분한 시간이 필요합니다. 부모라면 끈기 있게 인내하면서 기다려 줘야 합니다.

또한 "하루에 단어 몇 개씩 외울래?", "이제 익숙해졌으니까 다음 주부터는 개수를 늘렸으면 하는데 몇 개 더 외울까?"라는 질문을 던지며 아이의 의사를 물어보고 정하면 자율성까지 기를 수 있습니다.

3. 계기를 마련한다.

언제, 어떤 상황에서, 무엇을 할지를 고정화하는 방법입니다. '아침에 일어나면', '목욕한 뒤에 주스를 마실 때', '책상에 앉으면' 등 명확한 행동의 계기를 정하고 의식화하면 됩니다.

시간, 장소 외에도 눈에 보이거나 들리는 것, 아이의 행동 등 무엇이라도 좋으니 일정 조건을 선택해서 해야 할 일을 반복하기 쉽도록 도와주세요.

이렇게 일정 패턴을 반복하면 이에 대응했던 신경 회로가 반복적으로 활성화되어 아이의 뇌 메커니즘에 '습관'으로 정착됩니다. 억지로 하려고 하지 않아도 조건이 갖춰지면 몸이 반응하고 움직이지요. 이를 목표로 적절한 계기를 만들어 나가기만 하면 됩니다.

4. 계획과 목표를 세우도록 한다.

아이에게 스스로 습관화 계획을 세우도록 해 보세요. 습관화 과정을 알려 주고 실제로 무엇인가를 습관화하는 가능성을 향상시키는 것입니다. 예를 들어 "이번 주부터 영어 단어를 하루에 다섯 개씩 외우기 시작해서 매주 한 개씩 늘려 나가자. 다음 달 말까지 하루에 열 개 정도 암기해 볼까?"라는 제안을 해 보세요.

보통 인간이 새로운 일을 습관화하는 데에는 한 달에서 길게는 반년 정도가 걸린다고 합니다. 그러니 조급해하지 말고 아이가 현실적인 계획을 세울 수 있도록 조언하는 것이 좋습니다.

5. 진행 상황을 되돌아보게 한다.

자신이 목표를 향해서 잘 가고 있는지 아닌지를 의식적으로 되돌아보는 행위는 인생에 대한 의의와 목적을 느끼게 하는 효과도 있지만, 그런 행위 자체가 동기부여로 이어지기도 합니다. 아이가 자신의 습관이 어디까지 바뀌었는지 알 수 있도록 주기적으로 진행 상황을 되돌아볼 수 있는 시간을 갖게 해보세요.

그러려면 장기적인 목표와 병행해서 하루 목표를 세우는 것이 편리합니다. 예를 들어 오늘 계획이 '단어 5개 암기하기'라면 그날 저녁에 목표를 달성했는지 확인하는 방법이지요.

만약 달성했다면 어떤 기분인지 물어보고 그다음 목표는 무엇인지도 들어봅니다. 만약 달성하지 못했다고 하면 그다음 날에 어떻게 달성할지 물어보고, 경우에 따라서 필요하다면 목표 달성을 위한 계획 변경도 고려하도록 합니다.

스탠퍼드식 생각법 POINT
자율성은 하루아침에 키울 수 있는 능력이 아니라 꾸준히 노력해 나가야 하는 능력이다.

아이의 반응에 집중해야 한다

 이제 과학적인 근거에 기초해서 아이의 자율성을 어떻게 지원해야 하는지 그 방법과 이론에 대해서 잘 알았을 것입니다. 하지만 행동으로 옮겨야 한다는 사실을 알아도 실천하기는 쉽지 않습니다.

 "아침부터 아무리 깨워도 아이가 일어나지 않아요. '어서 일어나서 아침밥 먹어!'라고 네 번이나 말했는데도 말이지요. 다섯 번째에는 상당히 강한 어조로 '빨리 일어나! 학교 늦겠어! 도대체 몇 번을 말해야 하니!'라고 쏘아붙였습니다. 그러면 의외로 아이는 '아이, 시끄러워'라며 일어나요. 그런데 식탁에 앉아서 '이게 뭐야? 만날 같은 반찬이야. 질렸어!'라며 투정을 부리고 짜증을 내기 시작해요. 결국 저도 참지 못하고 폭발해요. 아이는 뭐가 억울한지 울기 시작하고요. 당황해서 '미안해, 엄마가 너무 심하게 말했구나'라며 허둥지둥 달래보지만 역효과만 날 뿐이에요. 아침부터 전쟁터가 따로 없어요."

이렇듯 아이와 함께 사는 집은 매일이 전쟁터입니다. 늦잠꾸러기 아이와 벌이는 감정적인 충돌은 어느 집에서나 일어나는 흔한 일이지요. 특히 부모가 아이를 생각하는 마음이 크면 클수록 자주 볼 수 있습니다. 이때 기대만큼 결과가 나오지 않거나 무성의한 대답이 돌아오면 부모는 이내 평정심을 잃고 감정적으로 맞대응하기 쉽습니다.

저는 교장이라는 직업상 지금까지 수많은 가족과 학생들을 만나 왔습니다. 부모와 자식, 가족 관계자의 감정이 얽히고설켜서 '아수라장'이 되었던 적도 꽤 많았지요.

부모로서 가져야 할 마음가짐

아이와 감정적으로 부딪혔을 때 부모는 어떻게 하면 좋을까요? 하버드 대학교에서 운영하는 특별 지원 학교의 의료장인 미치 에블렛 박사는 부모로서 우리가 가져야 할 마음가짐을 다음과 같이 정리했습니다.

1. '못 하겠어'라는 아이의 말을 성장의 기회로 삼는다.

앞의 사례와 같이 아이가 아침에 일어나지 않거나 반찬 투정을 하는 등 부모의 기대와 다른 언행을 보인다면 이를 기회라고 생각합시다. 이런 언행은 부모에게 아이가 무엇을 배워야 하는지, 어떻게 성장해야 하는지, 아이를 어떻게 지원해야 하는지 등을 알려 주는 힌트입니다.

예를 들어 위에 나온 사례에서는 아이에게 늦게 자지 않는 생활 리듬과 상대방의 기분을 생각하면서 대화하는 기술 등이 필요하지요.

아이가 자신의 감정을 통제하거나 적절한 의사 결정을 할 수 있는 능력은 십대 후반이 되어도 계속해서 발달합니다. 아이가 해서는 안 되는 언행을 했다면 학생으로서 해야 할 언행을 가르치고 아이의 뇌에 적합한 말딜을 지원하겠다는 마음을 되새기도록 합시다.

2. 아이에게 '해야 한다'라고 말할 때는 융통성을 가진다.

부모가 아이에게 화가 나거나 짜증이 나서 안절부절못하는 이유는 '이렇게 해야 한다'라는 부모의 기대에 아이의 행동이 부합하지 않았기 때문입니다. 위의 사례의 경우 '한 번 부르면 바로 일어나야 한다', '반찬 투정은 하지 않는다'라는 부모의 기대가 그 배경에 있지요.

그런데 부모의 '해야 한다'가 아무리 당연하더라도 아이의 상황과 맞지 않을 수도 있습니다. 잠을 이룰 수 없을 만큼 큰 고민이 있거나 몸 상태가 평소와 다를 수도 있지요.

또한 부모가 아이의 성적이 오르지 않는다며 걱정하는 것도 '성적은 이래야 한다'라고 생각하기 때문입니다. 부모가 원하는 성적이 아이에게 현실적으로 실현 가능하고 유익한 목표여야 합니다.

그렇지 않으면 부모의 불안과 걱정은 끝이 없습니다. 오히려 아이에게 스트레스를 주는 악순환에 빠질 뿐이지요. 일단 부모가 정해 놓은 '해야 한다'를 재점검해 보고 아이의 상황에 맞게 유연하게 대응하겠다는 마음가짐이 중요합니다.

3. 아이의 부정적인 감정을 신호로 생각한다.

이와 마찬가지로 아이가 슬퍼하거나 불안해 보인다면 무엇인가 필요하다는 신호입니다. 즉 아이가 부정적인 감정을 표출할 때는 어떤 지원이 필요한 때라는 뜻이지요.

이때는 아이가 감정을 잘 통제할 수 있도록 감정 훈련도 병행해야 합니다. 아이의 부정적인 감정 표출에 부모는 부정적으로 반응하거나 되받아치지 않아야 하지요. 부정적인 감정에 사로잡힌 아이에게 무엇이 필요한지, 부모로서 어떻게 지원해 줘야 하는지에 대한 고민이 가장 우선순위입니다.

4. 부모가 먼저 자신의 감정을 정리한다.

사실 부모 또한 자신의 감정을 아이보다 먼저 정리하는 것이 쉽지 않습니다. 계속해서 부정적인 감정을 대하다 보면 부모의 감정도 변하기 마련이지요.

하지만 부모의 감정이 불안정하면 아이를 제대로 지원할 수 없습니다. 일단 자신의 부정적인 감정을 다스리고 가라앉히는 데 집중해 보세요. 천천히 심호흡을 하고 감정 변화를 살펴보는 과정이 필요합니다.

평소에 스트레스 해소나 마음챙김 등의 감정 통제 기술을 의식적으로 실천해도 좋습니다. 입문 과정으로 5장에서 소개하는 거리두기나 명상 훈련을 참고해 보세요. 아이에게 감정적으로 대응할 것 같다면 일단 자신의 감정에 집중하고 차분히 가라앉힌 뒤에 아이와 대화를 나누도록 합시다.

5. 침묵을 두려워하지 않는다.

아이와의 대화에서 침묵을 두려워할 필요는 없습니다. 아이와 부정적인 감정으로 부딪힐 때 어떻게 해서라도 상황을 개선하려고 허둥지둥 수습하면 아이에게 무엇이 필요한지 제대로 파악할 수 없습니다. 오히려 공황 상태에 빠질 수 있지요.

일단 자신의 감정을 추스르고 정리하는 것이 중요합니다. 이때 아이에게 어떤 말도 건네지 못하는 상황이어도 괜찮습니다. 굳이 말을 하지 않아도 같은 공간에 있는 사실만으로도 '너와 함께 문제를 해결하려고 한다', '너에게 필요한 해결 방법을 찾고 있다'라는 진심이 아이에게 전달될 것입니다. 무리해서 대화를 이어가려고 하지 마세요. 다음 이야기를 하기 위한 침묵이니 괜찮습니다.

스탠퍼드식 생각법 POINT
아이의 감정을 다스리기 위해서는 부모가 아이의 반응을 잘 살피는 것이 가장 중요하다.

4장

—

이해하는 아이

스탠퍼드
이해력 교육법

잘 듣고
잘 말해야
한다

 이번 장에서는 생각법을 키우는 세 번째 필수 요소인 '이해력'에 대해서 살펴보려고 합니다. 이해력, 즉 이해하는 힘은 생각하는 힘과 서로 돕는 관계입니다.
 어떤 문제에 대해서 생각할 때 우리는 문제 자체와 그 배경에 대한 이해가 필요합니다. 또한 어떤 난제를 이해하려고 할 때 지금까지 축적해 온 지식이나 가치관을 바탕으로 깊이 있게 생각해야 하지요.
 그래서 이해하는 힘을 기르려면 기초적인 지식을 습득하거나 독해력을 갈고닦는 등 포괄적인 훈련이 필요합니다. 학교 교육에서 시행하는 형태로 다양한 기술을 병행해서 지원해 나가야 합니다. 그런데 현재 공교육에서 실시하는 훈련만으로는 부족한 부분이 분명히 있습니다.

이를 메우기 위한 방법이자 학교에서 가르쳐 주지 않는 궁극의 이해력 훈련, 이것이 4장의 주제입니다. 학교에서 가르쳐 주지 않는다고 하면 '학교에서 못 하는 것을 집에서 할 수 있어요?'라는 걱정이 앞설 수도 있습니다. 그러나 일상에서 실천할 수 있는 것들뿐이니 안심하셔도 됩니다.

수동적 경청보다는 적극적 경청으로

일단 일상의 대화에서 상대방의 이야기를 정확하게 이해하는 방법을 소개하도록 하겠습니다. 이름하여 '적극적 경청'입니다. 현대 심리 요법의 선구자인 칼 로저스가 제창한 방법으로 심리 요법이나 상담만이 아니라 사회인 교육 현장에서도 폭넓게 응용되고 있습니다.

자, 상대방의 이야기에 귀를 기울이고 신중하게 듣는 상황을 떠올려 보세요. 문득 정신을 차려 보니 다른 생각을 하고 있었거나 상대방의 이야기에 집중하지 못하고 자신이 해야 할 말만 생각한 경험이 있나요?

이렇게 조용히 상대방의 이야기에 수동적으로 귀를 기울이는 '수동적 경청'은 상대방의 이야기를 효과적으로 이해할 수 없습니다. 상대방의 말을 놓치는 경우도 많지요.

상대방의 이야기에 집중해서 상대방이 하는 말을 정확하게 이해하려면 적극적으로 대화에 참여하는 적극적 경청 기술이 필요합니다. 즉 '잘 들으려면' 적절한 타이밍에서 대화에 적극적으로 참여하는 '말 잘하는' 사람이 되어야 하지요.

적극적 경청의 기술을 익히면 이해력 향상은 물론 자신감이 높아지고 심리가 안정되어 교우 관계도 좋아지는 등 장점이 많다고 합니다. 외국어도 더 효과적으로 배울 수 있게 된다는 흥미로운 연구 결과까지 있습니다. 그러니 적극적 경청의 기술로 아이에게 '듣는 힘'을 길러 주도록 합시다.

이를 위한 첫걸음은 부모가 먼저 생활 속에서 적극적 경청을 실천하는 것입니다. 부모가 적극적인 자세로 대화하고 소통하는 모습을 보이면 그런 모습을 아이가 따라하면서 자연스럽게 적극적 경청을 익힐 수 있습니다.

스탠퍼드식 생각법 POINT
아이의 이해력을 키우려면 수동적 경청에서 적극적 경청으로 전환시켜야 한다.

이해력을 높이는
적극적 경청
익히기

적극적 경청 기술을 충분히 익히려면 네 가지 행동을 해야 합니다. 이 과정을 거쳐야 비로소 아이를 제대로 이해할 수 있지요. 그 행동은 다음과 같습니다.

1. 아이가 이야기한 내용을 되풀이한다.

아이와 대화 중에 아이의 말을 되풀이하며 다른 단어로 바꾸거나 정리합니다. 이렇게 하면 상대방의 발언을 나만의 언어로 바꾸면서 자신이 얼마만큼 이해했는지 상대방에게 확인받을 수 있고, 상대방에게 신중하게 경청하고 있다는 인상을 줄 수 있습니다.

예를 들어 아이의 이야기가 일단락되었을 때 "그렇구나. ○○라는 말이지?"라고 '○○'의 부분에 아이의 생각을 정리한 단어를 넣어서 말해 보세요. 아이의 생각을 자신만의 언어로 바꿔 보면 더욱 깊이 이해할 수 있고, 만약 잘못 이해했다면 아이가 고쳐 주는 기회가 됩니다.

또한 아이에게 "그렇구나. 나도 그렇게 생각해"라는 단순한 맞장구보다 훨씬 더 좋은 인상을 남길 수 있습니다. 다만 아이의 이야기 흐름에 방해가 되지 않도록 주의해야 합니다. 너무 길게 말하거나 자주 끼어드는 것은 좋지 않습니다.

2. 아이가 말한 내용을 조금씩 깊이 파고들어 질문한다.

대화 도중에 의문이 생겼을 때는 질문을 합니다. 내용을 확인하는 듯한 질문을 던지면 더 좋습니다.

"○○라고 말했는데 □□가 맞니?"
"○○라고 말했는데 □□라는 의미니?"

또한 더 구체적인 설명이 필요할 때도 질문을 합니다.

"○○했을 때는 어떤 기분이었어?"
"○○에 대해서 어떻게 생각하니?"

아이의 이야기를 들으면서 'ㅇㅇ'의 부분을 다른 단어로 바꿔서 질문해 보세요. 아이에게 질문을 하는 목적은 어디까지나 아이가 이야기한 내용을 확인하고 자세하게 듣는 것이므로 이 점에 각별히 주의해야 합니다. 질문이 아이에게 비난의 화살처럼 느껴지지 않도록 조심합시다.

3. 아이의 기분에 공감을 나타낸다.

아이의 감정이나 기분에 공감한 경우에 솔직하게 말하는 방법입니다. 다음과 같은 표현을 예로 들 수 있습니다.

"네가 말한 대로 분명히 ㅇㅇ겠지."
"그렇게 느끼는 건 당연해."
"나도 그런 상황에서는 그렇게 느꼈을 것 같아."

적극적 경청의 초점은 나의 기분이 아니라 '상대방이 느끼는 감정'입니다. 인지적 공감에 초점을 두고 상대방의 입장이 되어서 상대방의 기분을 최대한 상상하면서 수긍해 줍시다.

가령 아이의 기분을 100퍼센트 똑같이 느끼지 못해도 "대개 그런 상황이라면 ㅇㅇ하게 느꼈을 거야", "ㅇㅇ라고 느끼는 것이 당연해"라며 아이의 기분에 공감하고 수긍하면 됩니다. 또한 아이의 기분에 공감할 수 없을 때도 의문을 던지거나 부정하지 않도록 주의합시다. "왜 ○○라고 생각하니?", "○○한 기분은 이해할 수 없구나"라는 말은 금물입니다.

4. 아이의 말에 집중하는 모습을 보여 준다.

자신의 표정이나 시선, 손동작을 아이에게 맞추는 것입니다. 아이가 이야기할 때는 자녀의 눈을 보고 맞장구를 치면 더 효과적입니다.

아이가 슬픈 이야기를 하는데 즐거운 표정을 지으면 누가 신뢰할 수 있을까요? 얼굴 표정도 아이의 표정에 맞춰서 변화를 주면 좋습니다. 아이의 이야기에 귀를 기울이고 경청하고 있다는 것을 표현하면 대화 분위기는 더욱 무르익고 아이의 이야기도 훨씬 더 이해하기 쉽습니다.

이해력을 떨어뜨리는 네 가지 나쁜 습관

이번에는 적극적 경청에서 해서는 안 되는 네 가지를 설명해드리겠습니다. 그 네 가지 습관은 다음과 같습니다.

1. 내 생각대로 단정한다.

아이의 생각이나 기분을 자기 마음대로 단정하지 않아야 합니다. 단정하는 듯한 언행에도 주의해야 합니다.

또한 이와 마찬가지로 아이의 이야기를 '평가'하는 것도 삼가야 합니다. 적극적 경청에서는 자신이 상대방의 생각을 어떻게 평가하느냐가 아니라 상대방이 어떻게 생각하는지를 이해하는 것이 중요하기 때문이지요.

아이의 사고방식이 좋다, 나쁘다 또는 선하다, 악하다 등으로 평가하거나 단정하지 않는 표현이 좋습니다. 또한 아이의 의견에 찬성, 반대를 표명하는 것도 적절하지 못합니다. 아이의 상황이나 기분, 사고방식을 존중하고 열린 마음의 자세로 대화에 참여하도록 합시다.

2. 이야기를 중간에 끊는다.

아이가 이야기할 때 중간에 끼어들어서 방해하면 안 됩니다. 부모의 의견을 너무 길게 말하는 것도 좋지 않습니다. 또한 질문을 한다는 이유로 세세한 부분을 집요하게 파고들면서 묻다가는 이야기 전체의 맥락을 놓칠 수 있습니다.

아이가 다음 내용으로 넘어가고 싶어 하는데 굳이 중요하지 않은 부분에 집착하거나 물고 늘어지는 등의 행동은 반드시 피하는 게 좋겠지요.

3. 원하지 않는 조언을 한다.

적극적 경청의 목적은 아이의 상황이나 기분을 이해하고

문제에 해결책을 제시하거나 나중에 어떻게 하면 좋을지를 조언하는 것이 아닙니다. 아이가 고민거리를 털어놓았어도 조언이 필요한지는 알 수 없지요. 어쩌면 해결책과 상관없이 그저 고민을 들어줬으면 하는지도 모릅니다.

아이를 위하는 마음에 건넨 말이라도 '이렇게 해 봐라', '저렇게 해 봐라'라며 아이가 원하지도 않았는데 제시한 일방적인 조언은 기분을 상하게 할 수 있으니 조심합시다. 또한 위에서 내려다보는 듯한 시선이나 행동을 보이면 오해할 수 있으니 각별히 주의할 필요가 있습니다.

4. 무조건 부정한다.

아이가 한 말을 부정하거나 의심하는 태도는 좋지 않습니다. 적극적 경청의 목적은 상대방의 논리를 깨뜨리는 것이 아닙니다. 무엇이 옳고 그른지, 당신의 의견과 상대방의 의견이 일치하는지 등은 전혀 관계가 없습니다.

적극적 경청은 어디까지나 상대방의 생각이나 기분을 이해하는 것이 목적이므로 열린 마음가짐으로 상대방을 존중하면서 대화해 나가는 것이 중요합니다. "괜찮아, ○○하지 않아서 다행이다"라는 표현도 상대방의 기분을 부정하는 결과를 초래할 수 있으니 조심해야 합니다.

적극적 경청에 처음 도전하는 사람은 한 가지 항목을 골라서 그것부터 연습해 보면 어떨까요? 그렇게 하다가 어느 정도 익숙해지면 두 가지, 세 가지, 네 가지씩 늘려 나가 보세요. 친구나 가족 등과 함께 연습해 보고 의견을 받는 방법도 효과적입니다.

스탠퍼드식 생각법 POINT
적극적 경청은 자신감 향상, 정서 강화, 인간관계 개선에까지 도움이 된다.

'잘 듣는 아이' 육아법

다음으로 아이의 적극적 경청을 지원하는 방법을 소개하겠습니다. 아이에게 적극적 경청의 목적과 주의해야 할 행동을 설명한 뒤에 '말하는 사람', '듣는 사람'의 역할을 번갈아 연습하면 더 효과적입니다. 말하는 사람과 듣는 사람의 기분을 모두 이해할 수 있기 때문입니다.

그런 뒤에 서로 어떻게 생각했는지 이야기하는 시간을 가지면 됩니다. 이때 부모는 자신이 어른이라며 다 안다는 듯이 아이를 대해서는 안 됩니다. 함께 배운다는 자세를 잊지 않는 것이 가장 중요합니다.

어린아이와 함께하는 적극적 경청 연습

아이가 어린 경우에는 중·고등학생처럼 훈련하기에는 아무래도 어려운 점이 있습니다. 적극적 경청의 개념을 이해하거나 각각의 항목을 실천하는 것은 어른에게도 시간이 필요한 작업이지요.

어린아이는 다음과 같이 게임 혹은 간단한 연습부터 시도해 보는 것이 좋습니다.

1. 메시지를 전달하는 게임을 한다.

가족, 친구들끼리 팀을 정해 팀별로 미리 준비해 둔 '메시지'를 순서대로 전달하는 게임입니다. 메시지를 주의 깊게 듣고 상대방의 이야기에 집중하는 힘을 훈련합니다.

2. 전과 다른 점을 찾는다.

아이에게 전에 들려줬던 이야기 또는 같은 책의 내용을 읽어 주고 내용을 물어보는 활동입니다. 이때 원래와 '다른 부분'을 일부러 넣는 것이 중요합니다.

먼저 아이에게 미리 다른 부분이 있다고 말해 줍니다. 그런 뒤에 어느 정도 이야기를 하다가 끊고 "다른 점이 어디였지?"라고 물어보는 방법이지요. 이야기에 집중하는 힘과 이야기가 끊길 때까지 기다렸다가 자신의 의견을 말하는 습관을 기를 수 있습니다.

3. 따라 말한다.

아이에게 이야기를 읽거나 들려줄 때 일부분을 적당히 발췌해서 따라 말해 보라고 요청해 보세요. "여기 이 부분을 따라 해 보는 거야. 잘 들어 봐"라고 말한 뒤에 30초 정도 이야기를 들려줍니다. 그리고 부모를 흉내내도록 만드는 것이지요. 상대방의 이야기를 복창하는 힘을 기를 수 있습니다.

4. 들은 뒤에 질문해 본다.

아이에게 이야기를 들려주기 전에 "이야기가 끝나면 질문하라고 할 거야"라고 선언하고 이야기를 시작합니다. 끝나면 아이에게 질문을 해 보라고 요청합니다. 질문이 많으면 많을수록 좋다고 말하고 질문한 개수에 따라서 점수를 주는 방식도 좋습니다. 상대방의 이야기를 듣고 질문하는 힘을 기를 수 있습니다.

5. 누가 어디에서 무엇을 했는지 묻는다.

아이에게 새로운 이야기를 들려줄 때 미리 "이야기가 끝나면 누가 어디에서 무엇을 했는지 물어볼 거야"라고 말합니다. 이야기가 끝나면 실제로 누가 어디에서 무엇을 했는지 물어봅니다. 이 활동은 상대방이 말한 것을 정리해서 되풀이하는 훈련입니다.

적극적 경청에서 가장 중요한 핵심 사항은 부모가 조금 이야기를 하고 나서 아이에게 반응하도록 하는 것과 아이가 반응하기 쉽도록 사전에 훈련의 취지를 설명하는 것입니다. 이를 의식하면서 어린 자녀가 적극적 경청의 기술을 키울 수 있도록 지원해 나갑시다.

스탠퍼드식 생각법 POINT
어린 자녀에게 하는 적극적 경청 훈련 방법은 부모의 세세한 설명이 필요하다.

메타인지가
이해력을
좌우한다

적극적 경청과 함께 궁극의 이해력 향상법으로 반드시 실천해야 하는 훈련이 바로 '메타인지' 훈련입니다. 최근 들어 메타인지는 교육을 비롯한 다양한 분야에서 주목받고 있습니다.

'인지(認知)'란 자기 주변의 일이나 사물을 보고 듣고 아는 것을 의미합니다. 메타인지란 이런 인지보다 한 단계 상위 레벨, 즉 '인지의 인지'라고 할 수 있습니다.

예를 들어 캘리포니아에 살고 있는 저에게 "현재 도쿄 날씨는 어떤가요?"라는 질문을 한다면 저는 알 수 없습니다. 이때 '나는 도쿄의 날씨가 어떤지 모른다'가 바로 인지입니다. 또한 이 상황에서 저는 이미 '도쿄의 날씨가 어떤지 모른다는 것을 알고 있다라는 사실을 인지하고 있습니다. 이것이 바로 일종의 메타인지입니다. 이 밖에도 자신이 잘하는 것과 못하는 것에 대한 인지나 자기 평가 등 다양한 메타인지가 존재합니다.

성적을 결정하는 메타인지 능력

최근 메타인지가 큰 주목을 받는 이유는 무엇일까요? 메타인지 능력이 높아지면 이해력과 응용력, 문제 해결 능력이 향상된다는 사실이 밝혀졌기 때문입니다.

학습 효과는 다양한 요인에 따라서 좌우되는데, 재능이나 지성이 관여하는 비율은 10퍼센트인 데 반해서 메타인지 능력은 17퍼센트나 된다는 보고도 있습니다. 즉 재능이나 지성보다 메타인지 능력이 두 배 가깝게 학습 효과를 좌우하지요.

그런데 이런 연구 결과가 없더라도 우리는 메타인지 능력이 학습 능력이나 성과 향상에 직결된다는 사실을 알 수 있습니다. 예를 들어 이미 다 알고 있다며 우쭐대고 자신만만한 상태로 공부하지 않으면 모르는 상태 그대로 머물게 되지요. 이와 반대로 자신이 모른다는 사실을 인식하면 공부의 필요성을 깨닫고 노력하게 됩니다.

자신의 능력과 인지 상태를 올바로 인식하면 자신의 능력을 정확하게 갈고닦을 수 있습니다. 즉 자신이 잘하는 것과 못하는 것에 대해 정확히 인지하면 목표를 설정하거나 예정대로 일을 처리해 나가는 능력 또한 올라가게 됩니다.

또한 뇌과학적으로도 메타인지가 더 효과적인 학습을 할 수 있게 해 준다는 사실이 밝혀졌습니다. 예를 들어 2장에서 설명한 바와 같이 우리가 무언가에 흥미를 느끼면 뇌에서 도파민이 분비되어 뇌는 더 효과적으로 배울 수 있는 상태가 됩니다. 무엇인가를 모른다는 생각에 흥미가 생기므로 자신의 무지에 대한 메타인지를 가지면 더욱 의식적으로 호기심을 추구할 수 있습니다.

이처럼 메타인지 능력은 단련하면 할수록 학습 능력과 인지 능력이 향상됩니다. 우리 아이에게 궁극의 이해력을 키워 주고 싶다면 메타인지 훈련을 일상 속에서 실천할 수 있도록 습관으로 만들어 나가 봅시다.

스탠퍼드식 생각법 POINT
메타인지 능력을 높이면 뇌가 더 효과적인 학습 준비를 갖추게 된다.

메타인지 능력을
올리는
메모하기

아이의 메타인지 능력을 향상시키는 비결 중 하나는 공부하기 전과 후에 하는 메모에 있습니다. 일단 자녀가 공부하기 전에 잠깐이라도 다음과 같은 점을 고려해서 '메타인지 메모'를 하도록 지도해 보세요.

공부하기 전의 메타인지 메모

'앞으로 무엇을 공부할까?'

'이와 관련해서 현재 단계에서 무엇을 알고 있고 무엇을 모를까?'

'그 주제는 공부하기 어려울까? 쉬울까? 어렵다면 어떻게 접근해야 할까?'

'오늘의 공부를 통해서 무엇을 얻을 수 있을까?'

하루의 시작으로 그날 하루의 학습에 대해서 생각해 보고 5~10분 정도 메모를 적어도 좋고, 과목마다 수업이나 숙제를 시작하기 전에 2~3분 정도 짧게 적어도 좋습니다. 완벽한 문장으로 쓸 필요 없습니다. 항목별로 또는 번호를 매겨서 간단하게 적으면 됩니다.

중요한 점은 앞으로 배울 것을 의식해서 자신의 현재 인지를 되돌아보는 습관을 들이는 것입니다. 이런 간단한 메모 인지 훈련을 거치며 아이의 뇌 속은 학습 주제를 효율적으로 이해할 준비를 갖추게 됩니다.

공부한 후의 메타인지 메모

메타인지 메모 훈련은 공부를 다 마치고 나서 하면 더욱 효과가 좋습니다. 아이가 한 단원을 끝내고 하루의 마무리로 공부하기 전에 썼던 메타인지 메모를 점검해 보도록 합니다.

이때 아이에게 다음과 같은 점에 대해서 되돌아보고 메모하도록 지도하면 됩니다.

'무엇을 공부했을까?'

'오늘 공부를 하며 무엇을 얻었을까?'

'오늘 공부한 결과를 어떻게 활용할 수 있을까?'

이외에도 메타인지 훈련은 여러 가지가 있습니다. 아이가 주도해서 학습 목표를 세우고 이에 맞는 스케줄을 작성하도록 하는 활동도 효과적인 메타인지 훈련 중 하나입니다.

매일의 학습 성과를 앞에서 설명한 메타인지 메모를 되돌아보는 훈련을 하며 의식하고 목표와 대조하면 자신의 지식이나 능력에 대한 메타인지 능력을 갈고닦을 수 있습니다.

스탠퍼드식 생각법 POINT
공부하기 전과 후 모두 메모하는 습관을 들이는 것이 좋다.

뇌과학적으로 중요한 관점의 전환 훈련법

 적극적 경청과 메타인지 훈련 다음으로 학교에서 가르쳐 주지 않는 이해력 향상법의 세 번째 비밀은 '관점의 전환'입니다. 관점의 전환은 말 그대로 현재 자신의 관점을 전환해서 다른 사람의 관점에서 생각해 보거나 자신에게 익숙한 사고방식에서 벗어나 새로운 방향으로 접근해서 다시 살펴보는 것을 의미합니다.

 관점을 전환하는 능력은 자신과 상대방을 이해하거나 새로운 지식을 익힐 때 필요합니다. 또한 창의적으로 무엇인가를 생각하거나 상대방과의 교섭을 원활하게 이끌고 주변 사람과 원만하게 협력해 나가는 데도 중요한 역할을 합니다. 이렇게 중요한 능력이기에 최근에는 뇌과학적으로도 관점의 전환 메커니즘에 대한 연구가 활발하게 진행되고 있습니다.

관점을 전환할 때 활성화되는 뇌의 기능

우리가 관점을 전환할 때는 멘탈라이징 네트워크(Mentalizing Network)와 디폴트 모드 네트워크(DMN: Default Mode Network), 두 가지 뇌 기능이 활성화됩니다.

멘탈라이징 네트워크는 상대방의 행동을 통해서 그 배경에 존재하는 복잡한 감정이나 생각을 이해하거나 이와 반대로 상대방의 기분을 통해서 행동을 예측하는 뇌의 기능입니다.

예를 들어 여러분이 사무실에서 커피 머신 주변을 서성이고 있었습니다. 이 모습을 본 동료가 "커피 드시고 싶은데 오후라서 고민되시나 봐요"라며 여러분의 상황을 꿰뚫어 봤습니다. 이때 동료가 여러분이 어떻게 해야 할지 망설이는 기분을 알아차린 이유는 동료의 멘탈라이징 네트워크가 활약한 덕분입니다.

디폴트 모드 네트워크란 우리가 업무나 학습에 집중한 상태에서 빠져나와서 한숨을 돌리면서 멍하니 있거나 이런저런 상상을 할 때 활성화되는 뇌의 기능입니다. 예를 들어 쉬는 시간이나 휴일에 편하게 보내는 시간, 회의나 수업 중에 무심코 저녁 메뉴를 떠올릴 때 등의 시간이지요.

또한 디폴트 모드 네트워크는 자신의 기존 사고 틀에서 벗어나 창의적인 아이디어를 떠올리는 데도 큰 힘을 발휘한다는 사실이 밝혀졌습니다.

관점의 전환 능력을 올리는 뇌 훈련

그렇다면 관점을 전환하는 뇌의 능력을 어떻게 단련할 수 있을까요? 여기에서는 미국 명문대학교인 펜실베이니아 대학교의 '와튼 스쿨' 연구진이 개발한 두 가지 방법을 소개하고자 합니다. 일단 비즈니스 현장에서 사용되는 와튼 스쿨만의 독자적인 방법을 소개한 뒤에 아이에게 응용할 수 있는 방법을 살펴보도록 하겠습니다.

시간 배분에 익숙하지 않을 때는 조금 길게 시간을 조절하고, 각 단계에서 아이에게 지시를 내리면 됩니다. 초등학생 이하의 아이에게는 어린이용 버전을 추천합니다.

1. 최근 다른 사람의 관점에서 생각했던 일을 떠올린다.

첫 번째, 최근 약 2주 사이에 일어난 일들 중 다른 사람의 관점에서 생각하려고 했던 상황을 떠올려 보세요. 학교, 가정에서 생긴 일 등 어떤 상황이라도 상관없습니다(30초).

두 번째, 그 상황에서 어떤 일이 일어났는지 번호를 매겨서 처음부터 끝까지 노트에 써 봅니다(3분).

세 번째, 그 상황을 상대방의 관점에서 다시 상상해 봅니다(1분).

네 번째, 앞의 과정이 상대방의 관점을 이해하는 데 어떤 도움이 되었는지 생각해 봅니다(30초).

- **어린이용 버전: 초등학생 이하의 자녀에게 응용할 때**

먼저 부모가 타인과 감정 소통이 있었던 상황을 떠올리도록 도와줍니다. 예를 들어 "예전에 ○○와 놀았을 때 □□한 일이 있었잖아. 그때 일을 떠올려 보자"라고 말해 보세요. 아이의 대답을 듣고 "그때의 일을 자세하게 순서를 매겨서 말해 볼래?"라고 묻습니다.

만약 아이가 어려워하지 않고 잘 따라하면 "그럼 이번에는 ○○가 되었다고 생각하고 그때의 일을 이야기해 볼까?"라며 관점의 전환을 유도합니다.

그리고 어떤 기분이 들었는지 물어보면 됩니다. 처음에는 노트에 적을 필요 없이 대화만으로 진행해도 무방합니다. 익숙해지면 원래 방법과 같이 아이가 스스로 자신의 생각을 노트에 적을 수 있도록 합니다.

2. 나중에 일어날 일에 대한 관점 전환을 준비한다.

첫 번째, 2주 뒤의 일정 중에서 다른 사람의 관점을 이해하는 것이 중요한 상황을 세 가지 생각해 봅니다(1분).

두 번째, 그중에서 한 가지 상황을 선택합니다. 상대방의 관점을 고려하면서 대응한 경우에 구체적으로 상황이 어떻게 될지 상상해 봅니다(1분).

세 번째, 가능하면 다음과 같은 내용을 포함해서 처음부터 끝까지 일어날 법한 상황을 구체적으로 번호를 매겨서 적어 봅니다(3분).

1. 어떻게 대화를 시작했을까?
2. 대화할 때 무엇을 신경 쓸까?
3. 상대방의 반응에 어떻게 대답할까?
4. 상대방의 관점에서 어떤 좋은 결과가 있을까?

- **어린이용 버전: 초등학생 이하의 자녀에게 응용할 때**

부모가 상황을 하나 선택해서 도와줍니다. 예를 들어 "이번에 ○○가 있잖아. 어떻게 될까?"라는 말과 같이 첫 시작을 도와주는 것이지요.

필요하다면 "그때 친구는 어떻게 생각할까?"라고 묻고 "그렇게 생각할 때 어떻게 해 주면 좋을 것 같아?" 등 상대방의 관점을 생각해 보도록 지원하면서 대화를 끌어나가면 됩니다. 마지막으로 아이에게 상대방의 관점이나 기분을 무시하면 어떻게 될지, 그렇게 하면 안 되는 이유에 대해서 생각해 보도록 해 봅시다.

스탠퍼드식 생각법 POINT
관점을 전환하기 위해서는 멘탈라이징 네트워크와 디폴트 모드 네트워크, 두 가지 뇌 기능을 활성화하는 연습이 필요하다.

5장

마음이 강한 아이

스탠퍼드 정서 지능 교육법

안정된 정서를 위한 다섯 가지 능력

이번 장에서는 생각하는 힘의 네 번째 필수 요소인 '정서 지능'에 대해 이야기할 차례입니다.

'생각한다'라는 행위는 이성적인 행위이기 때문에 얼핏 기분이나 감각 등 우리의 감정적인 측면과 대조된다고 여겨지기 쉽습니다. 그런데 곰곰이 생각해 보면 그렇지 않습니다. 감정 문제가 실제로 이성적인 문제와 연관된다는 사실을 알 수 있지요.

감정이 고조되어 흥분된 상태에서 우리는 아무리 집중해서 어떤 생각을 하려고 해도 뜻대로 되지 않습니다. 이와 반대로 감정이 안정적인 상태에서는 냉정하면서도 효율적으로 일을 진행해 나갈 수 있지요. 즉 안정된 정서는 생각하는 힘을 뒷받침해 줍니다.

사회 정서 학습을 위한 다섯 가지 힘

이를 더 명확하게 제시한 것이 1장에서도 소개했던 미국의 교육 트렌드, 사회 정서 학습 활동입니다. 아이의 사회성이나 감정 인식 그리고 통제에 대한 학습을 지원하면 아이의 심리 건강이 개선되고 학업 성적도 향상된다는 것이지요. 미국에서 이 활동의 견인차 역할을 해 온 조직이 바로 '학업 및 사회 정서 학습 협회'입니다.

이 협회는 사회 정서 학습을 과학적인 증거에 기초해서 학생들의 사회성 및 정서에 관한 학습 보급에 힘써 왔습니다. 학업 및 사회 정서 학습 협회가 제창한 사회 정서 학습의 큰 틀은 다음에 나오는 다섯 가지 기초 능력을 향상시키는 목적에 따른 것입니다.

- 자신을 이해하는 힘: 자신 있게 자신의 능력을 발전시킬 수 있다고 믿는 성장형 사고방식을 갖는 힘을 의미합니다. 이러한 능력을 키우면 스스로의 강점과 약점을 이해할 수 있습니다.

- 자기 관리의 힘: 스트레스를 잘 다스리고 자신의 충동을 적절하게 통제할 수 있는 힘입니다. 이 힘을 기르면 자신이 설정한 목표에 도달하기 위한 동기부여를 꾸준히 유지할 수 있습니다.
- 상대방을 이해하는 힘: 다양한 배경과 문화를 가진 사람을 이해할 수 있는 힘입니다. 다른 사람에게 공감하고 배려심을 가질 수 있고, 서로 다른 점에서 새로운 것을 배울 수 있습니다.
- 인간관계의 기술: 다른 사람과 소통이 잘 되고 상호 협력할 수 있습니다. 불건전한 분위기의 장소에 휘말리지 않지요. 대립을 건설적으로 해결할 수 있고, 다른 사람에게 도움을 요청하거나 다른 사람을 도울 수 있습니다.
- 책임감 있는 의사 결정을 내리는 힘: 자신의 행동에 대해서나 다른 사람과 교류할 때 윤리적인 기준이나 안정성에 기초한 건설적인 판단을 내릴 수 있습니다.

사회 정서 학습의 필수 요소, 거리두기와 마음챙김

협회가 언급한 다섯 가지 사회성과 감정의 힘은 제가 교장으로 근무하고 있는 스탠퍼드 온라인 하이스쿨의 '살아남기 위한 힘' 교육의 근간을 이루고 있습니다.

예를 들어 모든 수업의 기초가 되는 '온라인 라이브'에서의 소수 정예 세미나는 자기 이해와 다른 사람에 대한 이해, 인간관계 능력을 지원할 수 있도록 구성되어 있습니다.

학생들은 토론하고 의견을 교환하며 자신의 의견을 표현하는 기회를 얻고 이와 동시에 자신과 다른 의견을 이해하는 힘을 기를 수 있습니다. 교사도 이런 소통이나 사회성의 힘을 지도하도록 훈련받고 있지요.

또한 자기 관리의 힘과 의사 결정을 내리는 힘을 지원하기 위해서 상담소도 운영하고 있으며 스트레스 관리 방법과 자신의 감정을 다스리는 방법 그리고 이를 도와주는 마음챙김 프로그램 등도 갖추고 있습니다.

이번 장에서는 스탠퍼드 온라인 하이스쿨에서도 실시하는 사회 정서 학습의 정서 강화법 중에서 '거리두기'와 '마음챙김'을 엄선하여 소개하고자 합니다.

거리두기는 자신의 감정과 기분을 외부의 관점에서 바라보는 힘을 기르는 심리 방법으로 자기 이해와 자기 관리의 힘을 길러 줍니다. 마음챙김은 상대방에게 공감하거나 배려하려는 마음을 기를 수 있고 사회성과 책임감도 향상시킬 수 있는 능력입니다.

두 가지 모두 심리 요법으로 보급된 방법입니다. 일상 속에서 아이와 함께 시작할 수 있는 응용 방법을 기초부터 알기 쉽게 설명하도록 하겠습니다.

스탠퍼드식 생각법 POINT
거리두기, 마음챙김 등의 정서 훈련을 통해 학습 능력과라 심리적인 안정감을 높일 수 있다.

마음과
적절한 거리가
필요하다

　입 밖으로 내뱉지 않고 마음속으로 생각하거나 자신과 대화를 나누는 힘, '마음의 소리'는 매우 중요합니다. 예를 들어 자기 자신을 의식할 수 있는 것도 마음의 소리 덕분이지요. 기억이나 생각을 마음속에 떠올리는 힘은 학습할 때도 필요한 능력 중 하나입니다. 또한 자신의 감정을 통제하거나 목표를 향해서 계획을 세우고 실천할 때도 큰 역할을 합니다.

　마음의 소리는 어떻게 작용할까요? 마음의 소리가 부정적인 방향으로 기울면 부정적인 방향으로 그 힘을 발휘하고 긍정적인 방향으로 기울면 긍정적인 방향으로 그 힘을 발휘합니다.

　가령 슬픈 일이 있을 때 마음의 소리가 그쪽으로 기울면 슬

품과 부정적인 생각을 부추기고 암울한 감정을 증폭시키지요. 따라서 부정적인 생각은 더욱 강해지고 결국 부정적인 사고의 악순환에 빠지고 맙니다. 이렇게 되면 문제 해결을 위한 건설적인 방법이나 생각을 도출해 내기가 어려워집니다.

마음의 악순환에 빠지지 않기 위한 거리두기

마음의 소리가 악순환에 빠지지 않기 위한 효과적인 방법이 바로 거리두기입니다. 이는 자신의 감정과 '거리를 두는' 개념으로 최근 심리학 연구에서도 큰 주목을 받고 있습니다.

자신의 마음을 다른 누군가의 마음이라고 생각하고 자신을 외부에서 바라보는 관점에 서서 자신의 마음과 거리를 두는 것이지요. 이 과정을 거쳐야 부정적인 사고나 고민의 소용돌이에서 빠져나와 긍정적으로 생각할 수 있습니다.

실제로 지금까지의 연구에서 균형적인 감정 유지, 정서 관리 그리고 힘든 상황 속에서 냉정한 판단을 내리거나 인간관계를 원만하게 하는 데 효과가 있다는 사실을 증명했습니다.

가끔 영화나 드라마에서 주인공이 심란한 마음에 선뜻 결단을 내리기 힘들 때 '가슴에 손을 대고 물어보는 장면'이 나오곤 합니다. 이렇듯 가슴이 답답하고 복잡한 상황에 빠졌을 때 가슴에 손을 대면서 자신의 마음이 거기에 있고 외부에서 말을 건다고 상상해 보세요. 이는 자신의 혼란스럽고 착잡한 마음에서 한 발짝 떨어져서 거리를 두고 냉정하게 생각하려는 거리두기의 한 방법입니다.

일상생활에서 활용할 수 있는 마음의 타임머신

이런 마음의 자연스러운 작용을 보다 효과적으로 발휘할 수 있도록 최근에는 일상 속에서도 간단하게 실천할 수 있는 거리두기 정서 훈련법이 개발되었습니다. 이는 성별, 연령을 불문하고 널리 그 효과가 확인되고 있습니다. 지금까지 충분한 과학적인 증거가 제시된 훈련법 중에서 아이와 함께 실천하기 쉬운 것을 엄선해서 소개해 보겠습니다.

먼저 일주일에 한 번, 5~10분 정도 아이와 함께할 수 있는 시간을 만듭니다. 아이에게 최근 부정적인 느낌을 받았거나 힘들었던 사건을 떠올려 보라고 한 뒤에 그때의 일을 자세하게 설명해 달라고 말해 보세요. 언제, 어디서, 어떤 일이 일어났는지, 어떤 느낌을 받았는지 등 몇 분 정도 아이의 이야기를 들으면 됩니다.

이야기가 끝나면 다음의 네 가지 관점 중 어느 하나를 골라서 거리두기 훈련을 하면 됩니다.

1. 스스로를 위로한다.

아이에게 마음속으로 자기 이름을 부르거나 다른 사람에게 말을 건네는 것처럼 불러 보라고 요청합니다. 그리고 "스스로에게 위로의 말을 건네 보렴. 어떤 대답이 돌아올 것 같아?"라며 아이가 마음의 소리를 이용해서 자신과 대화할 수 있도록 도와주세요. 이 과정을 반복하면 아이가 자신의 현재 감정과 거리를 두는 효과를 기대할 수 있습니다.

2. 친구에게 말을 거는 척한다.

아이에게 친구가 자신과 똑같은 일을 경험하는 상황을 상상하게 합니다. "너랑 ○○는 엄청 친하잖아. ○○한테 너랑 똑같은 일이 일어나면 어떨 것 같아?"라고 물으며 그 사람의 기분이나 감정을 상상하기 쉬운 친구를 정합니다.

이렇게 대화를 설정하고 그때 어떤 말을 건넬 것인지 친구를 돕는다는 기분으로 자신의 마음과 대화하도록 지도합니다. 이렇게 한 차례 이야기를 나눈 뒤에 "자, ○○가 너한테 똑같은 말을 하면 어떤 기분일 것 같아?"라는 질문을 던져 이번에는 자신의 기분으로 바꿔보는 연습을 시키면 됩니다.

3. 마음의 타임머신을 탄다.

일주일 뒤, 한 달 뒤, 일 년 뒤 등 아이에게 현재 상황에서 시간이 지난 미래를 상상하게 합니다. '주변 환경은 어떻게 변해 있을지', '자신은 어떤 기분일지' 등 상상의 범위를 넓혀 주면 더 좋습니다.

그런 뒤에 부정적으로 느꼈던 때의 자신에게 어떤 말을 건네면 좋을지 생각해 보라고 말하면 됩니다. 예를 들면 "이제 한 달 뒤면 여름방학인데 그때는 어제 있었던 일을 어떻게 생각할 것 같아?", "입학식 때 어떤 기분이었더라? 그때의 너는 오늘을 어떻게 생각할까?" 등 구체적인 미래나 과거의 일을 떠올려 보고 그 시점에서 현재를 내다보거나 되돌아보는 연습을 시키는 것도 효과적입니다.

4. 감정과 신체의 움직임을 특정한다.

아이가 부정적인 감정으로 힘들어할 때 일단 그것이 무엇인지 특정합니다. 슬픔인지 분노인지 알아보는 것이지요. 그리고 신체 어디에서 그런 감정이 느껴지는지 물어보면 됩니다. 가슴이 아픈지, 배가 쿡쿡 쑤시는지 등 신체 어느 부위에서 스트레스나 고통이 느껴지는지 특정해 보세요.

그리고 그 부위에 손을 대고 심호흡을 합니다. 감정을 특정해서 '표시'하고 그것을 신체 일부분과 연관 지으면 그 기분에 휘둘리지 않고 외부에서 자신의 현재 기분을 바라보는 관점에 설 수 있습니다.

거리두기 훈련이 끝나면 아이에게 자신의 마음과 한 발짝 떨어진 관점에서 자신과 대화를 나눈 뒤에 어떤 느낌이 들었는지 물어봅시다. 또한 무언가 새로운 배움이나 깨달음은 없었는지도 물어보면 좋습니다.

아이가 거리두기 훈련 전에 말했던 감정에서 조금이라도 변화를 보인다면 진전이 있다는 증거입니다. 물론 아이가 아무런 변화도 느끼지 못했거나 오히려 부정적인 생각이 더 들어서 우울해질 수도 있습니다. 이런 경우에는 다른 거리두기 훈련법을 시도해 보거나 후반부에서 소개할 마음챙김부터 시작해 보기를 추천합니다.

스탠퍼드식 생각법 POINT
부정적인 마음의 소리가 자신을 지배하기 시작하면 우울증, 불안증, 과식증 등의 위험싱이 높아진다.

부정적인 감정을 능숙하게 재활용하는 방법

거리두기 훈련으로 자신의 기분과 거리를 둘 수 있게 되었다면 그다음 단계로 넘어갈 차례입니다. 바로 자신의 부정적인 체험을 긍정적으로 받아들이는 훈련이지요.

이 단계의 핵심은 '인지 행동 요법(CBT: Cognitive Behavioral Therapy)'으로, 대표적인 심리 요법 중 하나입니다. CBT의 기초 개념은 'ABC 이론'이라고 불리는 다음의 개념에 기반을 두고 있습니다.

무슨 일이 일어났고 그로 인해 부정적인 감정이 들었다면 그 사건(A: Actiating event)과 그 결과인 감정(C: Consequence)만이 아니라 반드시 사건(A)과 결과(C) 사이에 존재하는 자신의 착각이나 생각, 믿음(B: Belief)이 영향을 미친 것이다. 자신의 감정을 들여다볼 때 ABC를 모두 재점검해 보면 부정적인 감정을 잘 다스릴 수 있는 계기를 발견할 수 있다.

예를 들어 여러분이 직장에서 실수(A)해서 우울한 상태(C)라고 해 봅시다. 우울한 기분은 그 실수가 자신의 무능함을 드러내고 성공에 영향을 미친다는 착각(B) 때문입니다.

이때 B를 '실수를 통해서 배울 기회를 얻었고 미래의 출세에 도움이 된다는 깨달음을 얻었다'로 바꿔보세요. 부정적인 자신의 감정을 '재활용'해서 긍정적으로 받아들일 수 있을지도 모릅니다.

간단하지만 효과적인 CBT요법

실제로 CBT 요법은 20세기 후반부터 활발하게 연구되어 우울증이나 거식증을 비롯한 주요 정신 질환에 효과적이라고 인정받고 있습니다.

또한 이 요법으로 부정적인 사고를 잘 다스리면 자기긍정감에도 좋은 영향을 미친다고 합니다. 인지 행동 요법 혹은 CBT 요법이라고 하면 전문 용어라고 생각하고 어렵다고 느낄 수도 있습니다. 하지만 의외로 간단해서 아이에게도 적용할 수 있지요.

A(계기), B(부정적인 착각), C(결과인 감정), D(비판적인 재검토), E(다시 살펴보기의 효과), 다섯 가지 단계를 기초로 자신의 감정을 되돌아보고 다시 살펴보는 방법을 'ABCDE 모델'이라고 합니다.

이 ABCDE 모델 방식의 CBT는 간단해서 아이에게 '마음의 습관'으로 자리 잡게 할 수 있습니다. 아이가 혹시라도 부정적인 감정이나 행동을 보일 때 의식적으로 ABCDE 모델을 따라서 재점검하게 하고 자신을 현명하게 다시 살펴볼 수 있도록 도와주면 어떨까요?

다음은 아이와 쉽게 할 수 있는 CBT 요법의 예시입니다.

1. A와 C를 되돌아본다.

일단 어떤 일이 일어났는지, 어떤 기분이었는지 등 아이에게 종이에 적어보라고 요청합니다.

예시: 'A=기말시험에서 실수를 했다', 'C=자신의 실력이 형편없어서 우울하다' 등

2. B를 찾는다.

A에서 C로 이르게 한 자신의 믿음이나 착각 B를 인식할 수

있도록 아이를 도와줍니다.

예시: '기말시험에서 한 번의 실수로 능력 전체를 판단해 버리는 것은 잘못된 판단이다' 등

3. B를 비판적으로 다시 살펴본다.

B를 인식하고 자신의 부정적인 착각이 작용했을 가능성을 깨닫습니다. '그런 부정적인 사고는 어떤 근거에서 비롯된 것인지', '그것 외에 다른 생각은 없는지' 등 B를 비판적으로 다시 살펴보고 다른 사고방식을 모색해 봅니다. 이는 B를 비판적으로 다시 살펴보는 D(Dispute)과정입니다.

4. 전체를 다시 검토한다.

B를 비판적으로 다시 살펴봤다면 마지막 과정으로 자신의 감정에 어떤 변화가 생겼는지, 지금까지의 ABCD 과정의 효과를 알아보는 E(Effect) 단계입니다.

스탠퍼드식 생각법 POINT
아이의 부정적인 마음은 ABCDE 모델 방식을 활용한 CBT 요법으로 전환시킬 수 있다.

어릴 때부터
해야 하는
마음챙김

그다음 주제인 마음챙김은 자신과 마주하는 방법의 또 다른 형태를 제시해 줍니다. 생각하는 힘을 향상시키기 위한 정서 지능에서 반드시 짚고 넘어가야 할 주제이지요. 마음챙김에는 다양한 정의가 있습니다.

하지만 그 핵심은 자신의 의식을 지금의 감정이나 생각에 집중시키고 그런 감정이나 생각을 있는 그대로 받아들이는 것입니다.

마음챙김은 지금 의식하는 것을 복잡하게 이렇게 저렇게 생각하는 과정이 아닙니다. 지금 느끼거나 생각하는 것을 '좋다', '나쁘다'라고 결론짓는 행위도 아니지요. 솔직한 자신의 감정이나 생각을 받아들이는 마음의 활동 또는 그런 마음의 활동을 끌어내기 위한 명상법과 호흡법을 통틀어 마음챙김이라고 칭합니다.

세계적으로 인정받은 마음챙김의 효과

최근까지 마음챙김이 인간의 심리에 미치는 긍정적인 영향에 대해서 다양한 형태의 과학적인 연구가 진행되어 왔습니다. 제가 거주하고 있는 미국에서도 마음챙김을 실천하는 유명 기업이나 CEO가 종종 화제를 불러 모으기도 하지요.

마이크로소프트의 창업자인 빌 게이츠, 트위터 전 CEO인 잭 도시가 마음챙김을 실천하고 있다는 뉴스는 너무나도 유명합니다. 또한 구글, 나이키 등의 세계적인 기업들이 사내 복지 제도로 마음챙김을 도입하고 있습니다.

지금까지의 연구가 내놓은 구체적인 결과는 이렇습니다. 일단 마음챙김 덕분에 주변의 변화나 자신의 마음속 고민에 융통성 있게 대응할 수 있습니다. 이로 인해 심리적인 안정은 물론 감정까지 잘 다스릴 수 있게 됩니다.

또한 긍정적인 감정을 잘 유지할 수 있습니다. 인생에 대한 가치와 행복감까지 향상되어 자기긍정감에도 매우 효과적입니다. 게다가 심리적인 문제나 정신 질환 등의 개선 및 예방에도 효과가 있어서 마음챙김을 활용한 인지 테라피, 스트레스에 대한 면역력 향상을 목적으로 한 프로그램도 큰 주목을 받고 있습니다.

　마음챙김이 정서에만 긍정적인 영향을 끼치는 것은 아닙니다. 두뇌 회전까지도 빠르게 향상시켜 주지요. 집중력이 향상되어 세심한 주의가 필요한 업무 성과가 높아졌다는 등의 연구 결과가 다수 존재합니다. 즉 마음챙김은 아이의 생각하는 힘을 지원하는 데도 안성맞춤인 습관입니다.

스탠퍼드식 생각법 POINT
마음챙김은 인간의 정서에 긍정적인 영향을 미칠 뿐만 아니라 두뇌에도 좋다.

하루 1분이면 충분한 마음챙김 연습

그럼 아이의 마음챙김 습관을 어떻게 만들어 주면 좋을지 생각해 볼까요? 어른은 명상을 하거나 자신의 마음을 되돌아보는 등 스스로 마음챙김을 할 수 있으나 이 역시 쉽지는 않습니다. 어른에게도 장벽이 높은데 하물며 아이에게는 더 어렵겠지요.

하지만 안심하셔도 됩니다. 아이도 충분히 마음챙김 연습을 할 수 있으며 미국에서는 지금까지 많은 학교에 보급되었습니다. 현재 초등학교 저학년과 유치원 교실에서도 마음챙김을 접목한 프로그램이 진행되고 있지요.

또한 미국 캘리포니아주의 비영리단체인 '마인드풀 스쿨즈'

는 학교 교육에 이러한 마음챙김 프로그램을 보급하기 위해서 꾸준한 활동을 벌이고 있습니다. 지금까지 6만 명 이상의 교육자를 지원하고 학생들의 심신 건강에 기여했습니다. 각 학교의 교사들은 이를 바탕으로 수업 도중에 학생이 할 수 있는 마음챙김 기술을 익히거나 마음챙김 지식을 보급하기 위한 프로그램을 제공하고 있습니다.

마음챙김 연습에서 주의해야 할 점

여기서는 마인드풀 스쿨즈가 내놓은 아이들을 위한 마음챙김에 대한 조언을 소개하도록 하겠습니다. 아이들의 마음챙김을 지원하고자 할 때는 다음과 같은 내용을 주의하며 시도해 봅시다.

1. 목적을 명확하게 한다.

앞서 언급한 바와 같이 마음챙김의 정의와 효과를 설명하고 마음챙김을 실천하는 목적을 아이에게도 명확하게 알려줘야 합니다.

2. 본인부터 먼저 한다.

아이는 물론 부모가 먼저 실천하는 것이 가장 중요합니다.

아이에게 마음챙김 연습을 시킬 설득력을 얻을 수 있고 자신이 직접 체험해 보면 아이를 설득하기 한결 수월해집니다.

3. 시간을 정해서 한다.

시간을 정해서 아이의 생활 리듬에 밀착시키면 습관화하기 쉽습니다.

4. 장소를 마련한다.

주변을 정리하거나 조명을 바꾸는 등 마음챙김 시간을 위한 특별한 환경을 마련합니다.

5. 체험을 함께 공유한다.

마음챙김이 끝났을 때 어떤 기분이 들었는지 아이에게 물어봅니다. 부모도 자신의 기분과 느낀 점을 이야기해 줍니다.

어떤 마음챙김 훈련을 선택해도 상관없지만 처음에는 장벽이 낮은 것부터 택하는 편이 좋습니다. 부모나 교사가 먼저 해 보고 비교적 쉽다고 생각한 것부터 시작해도 무방합니다. 마음챙김이 처음인 사람은 다음에 나오는 간단한 연습부터 시작해 보길 적극 추천합니다.

벨 하나로 할 수 있는 마음챙김 연습

아이와 함께 연습하기 위해서는 먼저 '삐~' 하고 길게 울리는 도구가 필요합니다. 다음의 요령에 따라서 마음챙김 듣기와 심호흡을 진행합니다. 매일 1~2분 정도면 충분합니다. 예로 든 대사는 아이에게 맞춰서 각색하면 됩니다.

1. 시작을 알린다.

처음에는 시작을 알리는 의식을 먼저 진행해야 합니다. 다음과 같이 대사를 정하고 매일 똑같이 시작하면 됩니다.

예: "자, 이제 마음챙김을 할 준비를 하자. 조용히 앉아서 눈을 감으렴."

2. 집중할 만한 환경을 만든다.

아이가 집중할 수 있도록 만들어 주는 것이 중요합니다.

예: "지금부터 들리는 소리에 의식을 집중해 보자. 소리가 완전히 사라질 때까지 집중해서 듣는 거란다. 소리가 완전히 사라졌다면 손을 들어 보렴."

3. 벨이나 소리굽쇠 등의 도구로 소리를 낸다.

미리 준비했던 소리가 나는 도구를 사용할 차례입니다. 벨이나 소리굽쇠 등 소리가 길게 울리기만 하면 됩니다.

4. 심호흡을 한다.

소리가 사라지고 아이가 손을 들었다면 다음과 같이 말하며 심호흡을 할 차례입니다.

예: "자 이제 자신의 마음을 의식하면서 천천히 손을 복부나 가슴에 대 보자. 자신의 호흡을 느껴 보자."

5. 호흡을 반복한다.

아이가 호흡에 집중할 수 있도록 천천히 부드러운 목소리로 "들이쉬고 내쉬고"라고 수차례 반복해서 말합니다.

이 과정을 마무리하면서 다시 한 번 벨이나 소리굽쇠를 울리면 끝입니다. 생각한 것보다 더 간단하지 않나요? 하루에 1~2분만 투자해 아이와 함께 연습해 보세요.

스탠퍼드식 생각법 POINT
하루에 딱 1~2분만 투자해도 자녀의 마음챙김 습관을 만들어 줄 수 있다.

마음챙김은 정서 강화로 이어진다

 어느 정도 마음챙김에 익숙해졌다면 아이와 함께 꼭 한번 시도해 봤으면 하는 것이 '스탠퍼드 배려 명상법'입니다. 제가 재직하고 있는 스탠퍼드 대학교에는 '자비와 이타주의 연구 교육 센터'라는 곳이 있습니다. 달라이 라마 기부금으로 설립되었으며, 자비와 같은 이타적인 인간의 마음을 과학적으로 조사하고 연구하는 교육 기관입니다.

 이곳의 과학 부장인 에마 세팔라 박사가 고안한 마음챙김을 소개하도록 하겠습니다. 이는 저의 다른 저서에서 '스탠퍼드식 배려 명상'이라고 칭했던 것인데 최근 일본에서도 확산되고 있는 불교 유래의 '자비 명상'에 기초하여 에마 세팔라 박사가 대중적으로 수정한 것입니다.

자비 명상은 최근 심리학이나 뇌과학 등에서도 과학적으로 그 효과를 인정받고 있습니다. 긴장 완화와 휴식만이 아니라 스트레스 내성을 높이고 앞서 언급했던 긍정적인 마음의 움직임을 촉진하는 효과가 있지요. 또한 15분 정도의 짧은 명상으로도 큰 효과를 기대할 수 있다는 사실이 밝혀졌습니다.

스탠퍼드 배려 명상법은 15분간의 음성 훈련입니다. 매일 조금씩 자녀와 함께 긴장을 풀고 편하게 지낼 수 있는 시간으로 활용하여 마음챙김 습관화에 도움이 되었으면 합니다. 이를 음성화한 파일을 제 개인 홈페이지(http://tomohirohoshi.com/)에 올려두었으니 참고하시기 바랍니다.

배려 명상은 마음챙김의 왕도이자 타인에 대한 공감의 힘을 기를 수 있는 최적의 방법입니다. 공감의 힘은 앞서 언급했듯이 적극적 경청이나 관점의 전환 훈련에도 매우 중요하지요. 자녀가 주변 사람의 기분을 이해하고 깊이 배려하는 마음을 가지도록 배려 명상의 습관을 꼭 길러 주길 바랍니다.

이타적인 마음은 정서 지능을 높인다

최근 타인에게 친절하거나 타인을 배려하는 이타적인 마음의 습관이 한 단계 발전된 정서 지능으로 이어진다는 사실이 밝혀졌습니다. 그 이유에 대해서는 앞서 언급했던 자기 결정 이론에 기초해서 설명할 수 있습니다.

인간의 '심리 3대 욕구'는 사람과의 유대감(관계성), 자신이 무엇인가를 할 수 있다는 감각(유능감), 자신이 내린 결단을 자신의 의사에 따라서 이행하는 감각(자율성)이다. 자기 결정 이론에 따르면 심리 3대 욕구가 충족되면 인간의 마음은 충족되고 이렇게 마음이 충족된 일에 대해서 동기부여가 높아진다.

선한 마음으로 타인에게 친절하게 행동하는 것이 인간의 심리 3대 욕구를 어떻게 충족시키는지에 대해서는 다음과 같이 설명할 수 있습니다.

배려 행동은 상대방을 위해서 무언가를 하는 것이기에 상대방과의 '관계성' 속에서 유대감을 느낄 수 있고 상대방을 도와줄 수 있기에 '유능감'도 느낄 수 있다. 또한 누가 시켜서 하는 것이 아니라 자신의 의사에 따라서 스스로 친절하게 행동하는 것이기에 '자율성'도 느낄 수 있다.

또한 타인을 배려하거나 친절하게 대하는 뇌 메커니즘은 인간의 근원적인 능력으로 DNA에 각인되어 있습니다. 각박한 자연도태의 환경에서 살아남기 위해서 집단으로 협력하고 동료를 배려하고, 서로 도와주는 행동의 힘을 우리의 선조들은 옛날부터 증명해 왔습니다. 에마 세팔라 박사는 다음과 같은 말을 남겼습니다.

'배려'가 진화의 결과로 생겨난 인간의 본질이라는 것은 뇌과학이나 진화 심리학 등의 연구가 여러 차례 제시해 왔다. 신체 건강만이 아니라 인간의 종(種)으로서의 생존에 있어서 반드시 필요한 것이다. 약 10년 전만 해도 극소수의, 단순히 흥미 위주의 연구 주제였으나 지금은 과학의 큰 움직임으로 우리의 인간관을 바꾸려 하고 있다.

아이와 함께 스탠퍼드 배려 명상법이나 그 외 마음챙김을 실천하고 이타적인 마음을 활성화해 보길 바랍니다. 지금보다 안정되고 강화된 정서를 갖출 수 있을 것입니다.

스탠퍼드식 생각법 POINT
이타적인 마음의 습관을 기르면 인간의 근본적인 욕구를 동시에 만족시킬 수 있고, 이것이 심리 안정으로도 이어진다.

6장

다르게 생각하는 아이

스탠퍼드 창의성 교육법

창의성이란 무엇일까?

 이런저런 생각 끝에 참신하고 유익한 아이디어가 떠올랐을 때 아이디어를 현실에 적용하려면 어떻게 해야 할까요? 가장 먼저 생각을 해야 합니다. 이렇듯 창의성과 생각하는 힘 역시 상호 의존적인 관계입니다. 창의적인 아이디어가 새로운 생각을 이끌고, 생각하는 힘이 창의적인 아이디어를 현실에 적용해 나갈 수 있는 원동력이 되어 줍니다.

 그렇다면 '창의적이다'라는 말은 어떤 의미일까요? 창의성에 관한 과학 연구는 20세기 초반부터 활발해졌고 20세기 중반에 이르러 현재 우리가 알고 있는 정의의 기초 개념이 제창되었습니다.

이에 따르면 창의성은 참신하며 인간에게 도움이 되는 생각을 의미합니다. 지금까지 보지 못한 것, 새로운 것, 기존의 관점과는 다른 것, 이것이 '창의적이다'라는 말의 후보가 될 수 있습니다.

하지만 이때 참신하기만 해서는 안 됩니다. 가령 제가 눈앞에 놓인 공책에 낙서를 끄적거린다고 해 봅시다. 그런데 이것이 지금까지 했던 낙서와 어딘지 모르게 다른 새로운 낙서입니다.

이때 기존에 없던 낙서를 '창의적이다'라고 말할 수 있을까요? '창의적이다'라고 말하려면 새로운 것에 더해서 다른 사람을 생각하게 만들거나, 어떤 감동을 주거나, 어떤 형태로 '도움을 주는 것'이어야 합니다.

뇌과학이 증명한 창의성의 뇌 메커니즘

자, 그럼 우리가 창의적인 생각을 하거나 참신하고 새로운 것을 만들 때 뇌에서는 어떤 일이 일어날까요? 최근 뇌과학에서는 창의성과 관련된 뇌 메커니즘을 밝혀냈습니다.

아마도 '창의성을 위해서 우뇌를 단련하자!' 또는 '우뇌가 약하면 창의성이 떨어진다' 등 창의성을 우뇌의 움직임이라고 주장하는 '설'을 들어 봤을 것입니다.

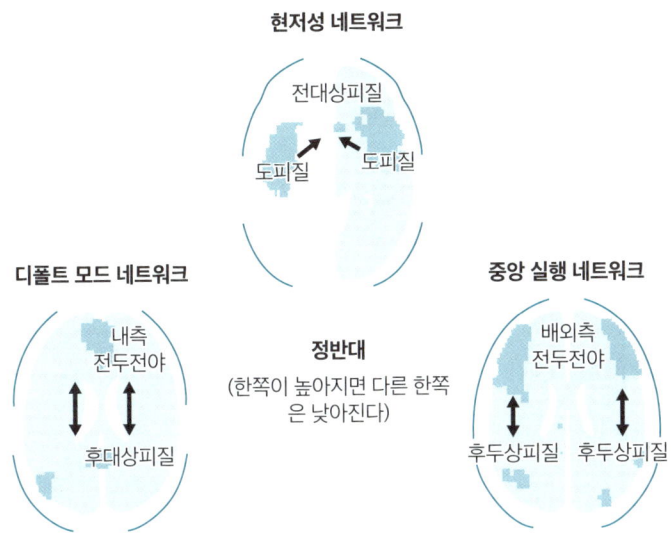

그러나 최근 연구에서 창의성은 우뇌와 좌뇌 어느 한쪽 또는 뇌의 어떤 부분적인 움직임이 아니라는 사실이 밝혀졌습니다. 창의성은 뇌의 주요 부분을 놀아다니는 '중앙 실행 네트워크', '디폴트 모드 네트워크', '현저성 네트워크'가 복잡하게 얽혀서 탄생하는 능력입니다.

중앙 실행 네트워크는 세 개의 네트워크 중 하나로, 단기 기억을 의식 아래에 두고 그 정보를 처리하는 뇌의 움직임을 관장합니다. 워킹 메모리는 중앙 실행 네트워크의 기능으로 우리가 집중해서 생각할 때 활약하는 뇌의 부분입니다.

그다음은 디폴트 모드 네트워크입니다. 이는 4장의 '관점의 전환'에서 설명했듯이 우리가 집중하지 않고 편하게 쉬는 상태로 이런저런 망상을 하거나 멍하니 있을 때 활성화되는 뇌의 부분입니다.

그리고 마지막으로 현저성 네트워크는 중앙 실행 네트워크와 디폴트 모드 네트워크의 전환을 담당합니다. 우리가 멍하니 이런저런 생각을 하는 상태와 집중해서 무엇인가를 생각하는 상태를 왔다 갔다 할 수 있는 것은 이 현저성 네트워크 덕분이지요.

통상적으로 멍하니 있는 상태와 집중하는 상태는 상반되므로 디폴트 모드 네트워크가 활성화될 때 중앙 실행 네트워크는 휴식을 취합니다. 이와 반대로 집중하고 있을 때는 중앙 실행 네트워크가 활성화되어 디폴트 모드 네트워크가 쉬게 됩니다.

그런데 창의적인 음악가나 시인, 예술가 등의 뇌에서는 이들 세 가지 네트워크가 평범한 사람보다 더 조화롭게 움직인다고 합니다. 디폴트 모드 네트워크로 자유롭게 이런저런 아이디어를 떠올리고 이러한 아이디어를 중앙 실행 네트워크에서 처리하고 형태화하지요.

이는 현저성 네트워크의 능숙한 전환으로 가능합니다. 이것이 현재 뇌과학에서 바라보는 창의성에 관한 뇌과학적인 메커니즘의 이미지입니다.

스탠퍼드식 생각법 POINT
창의성은 중앙 실행 네트워크, 디폴트 모드 네트워크, 현저성 네트워크가 조화롭게 기능할 때 올라간다.

창의적인 아이의
부모는
창의적일까?

　창의성이 뇌의 구조에 따른 것이라면 유전의 영향은 얼마나 될까요? 일란성 쌍둥이의 직업을 조사한 연구에서 쌍둥이 중 한 명이 창의적인 직업을 가진 경우 다른 한 명이 창의적인 직업을 가질 확률은 70퍼센트라는 결과가 나왔습니다. 또한 자신이 창의적인지 아닌지에 대한 자기 인식도 유전의 영향이라고 생각하는 확률이 62퍼센트나 된다고 합니다.

　이와 같은 연구를 보면 창의성은 유전일 확률이 높은 듯 보입니다. 하지만 주의해서 해석해야 할 필요가 있습니다. 왜냐하면 이런 연구의 결과는 참가자의 '자기 자신의 창의성에 관한 주관적인 인식'에 기초한 것이기 때문이지요.

창의성은 대물림되지 않는다

자신의 창의성에 대한 자기 인식은 누가 봐도 주관적입니다. 직업 역시 자기 인식이나 자아상에 따라서 크게 좌우되지요. 또한 쌍둥이의 경우 서로 비슷한 환경과 사람을 접하거나 성격 면에서도 비슷한 측면이 많기 때문에 자기 인식이 비슷해질 가능성이 높습니다.

따라서 70퍼센트, 62퍼센트 등의 높은 수치는 쌍둥이가 얼마나 비슷한 환경에서 살아왔는지를 나타내는 것으로 객관적으로 판단한 창의성의 유전율과는 거리가 멉니다. 실제로 창의성을 인지적인 관점에서 평가하는 테스트를 활용하면 유전율은 26퍼센트로 대폭 낮아진다는 연구 결과가 있습니다.

그러나 이런 인지 테스트의 신뢰성도 우리가 어떤 것을 '창의성'이라고 할지에 따라서 크게 달라질 수 있습니다. 인지적인 관점에서 바라본 자신의 능력보다도 앞서 언급한 연구와 같이 예술가나 소설가 등의 직업에서 성공한 사람이 훨씬 더 창의적인 능력이 탁월하다고 생각할 수도 있지요.

이처럼 창의성이 유전의 영향을 얼마나 받는지는 향후 더 많은 연구를 거치며 더 많은 고찰이 필요할 것으로 보입니다.

다만 확실한 사실은 창의성에 관여하는 요인 중 적어도 30~40퍼센트는 유전이 아니라는 점입니다. 즉 창의성은 훈련으로도 충분히 갈고닦아서 키울 수 있는 능력이지요.

따라서 이번 장에서는 아이의 창의성을 키우고 갈고닦을 수 있도록 지금까지의 연구에서 얻은 몇 가지 힌트를 살펴보고자 합니다.

스탠퍼드식 생각법 POINT
창의적인 부모에게서 태어난 아이라 할지라도 창의적이지 않을 수 있다.

뇌는 마음의 틈새 시간을 원한다

    일단 창의성에 있어서 '마음의 틈새 시간'이 중요한 역할을 한다는 점을 상기해 볼 필요가 있습니다. 디폴트 모드 네트워크는 학업이니 업무에 깊이 집중하고 있는 때가 아닌 휴식을 취할 때 활성화된다고 앞서 말했습니다.

    예를 들어 끝도 없이 이런저런 망상을 펼치거나 편하게 쉴 때 활성화되지요. 그래서 딱히 무엇인가를 하지 않는 마음의 틈새 시간을 가지면 뇌가 창의적으로 움직이도록 지원할 수 있습니다.

    참신한 아이디어가 필요할 때 그 주제에 집중해서 이런저런 생각을 해 보지만 아이디어가 좀처럼 떠오르지 않는 경험이 있나요? 조금 쉬다가 하려고 아무 생각 없이 목욕하고 있는데 '아앗!' 하며 뜻밖의 아이디어가 떠올랐던 경험이 있나요? 일상에서 종종 일어나는 이런 일들은 앞에서 언급한 뇌과학적인 진리를 뒷받침합니다.

그러니 공부해야 한다며 아이를 다그치거나 제대로 하라며 자신을 심하게 비난할 필요 없습니다. 적당하게 휴식을 취하면서 하면 됩니다. 이때 휴식은 오로지 마음의 틈새 시간이 될 수 있어야 합니다. 스마트폰이나 인터넷을 즐기며 쉬는 시간을 가지는 것도 좋지만 자칫하면 콘텐츠에 빠져서 모처럼의 휴식 시간을 망칠 수도 있기 때문이지요.

아이에게도 틈새 시간은 필요하다

아이에게도 이런 마음의 틈새 시간의 중요성을 설명한 다음에 편하게 쉬면서 이런저런 상상의 나래를 펼칠 수 있는 시간을 주는 것은 어떨까요? 아이가 스스로 휴식 시간을 의식하고 쉴 수 있도록 말이지요.

마음의 틈새 시간은 창의성뿐만 아니라 생각하는 힘에도 좋은 영향을 미칩니다. 예를 들어 마음의 틈새 시간은 호기심을 자극하고 향상시킵니다. 어떤 일에 집중해서 논리적으로 생각하거나 기존의 틀 안에서 사고하는 것을 일단 제쳐 두고 자유롭게 생각하면서 아이는 참신하면서도 기존과 다른 사고에 자신의 모든 관심과 호기심을 쏟게 됩니다.

그리고 마음의 틈새 시간은 정서에도 중요합니다. 어떤 일에 집중하거나 무언가를 생각하는 작업을 일단 멈추고 뇌에 가는 과부하를 줄이거나 없애므로 스트레스 상태를 완화시키는 효과가 있다는 사실이 확인되었습니다.

'생각하는 힘을 단련한다'며 온정신을 쏟아부어서 뇌에 과부하를 주거나 집중력만 단련한다면 정작 중요한 창의적인 뇌에는 역효과를 초래할 뿐입니다. 뇌를 균형 있게 발달시키고 활용하고 싶다면 마음의 틈새 시간으로 디폴트 모드 네트워크도 활성화시켜야 합니다.

스탠퍼드식 생각법 POINT
뇌가 집중하지 않도록 잠깐이라도 멍하니 편하게 쉴 수 있는 시간이 필요하다.

소꿉놀이는 창의성을 위한 지름길

일상에서 육아를 할 때 창의성을 길러 주는 방법으로 '소꿉놀이'가 있습니다. 소꿉놀이를 하면서 엄마, 의사 선생님, 경찰관, 꽃집 사장님 등이 되어 보거나 만화나 게임에 등장하는 캐릭터가 되어 보는 등 다양한 역할을 하면서 노는 것이지요.

소꿉놀이에는 다양한 형태가 있습니다. 일정 연령 이상이 되면 아이들은 자연스럽게 소꿉놀이를 즐기기 시작합니다. 소꿉놀이를 하면서 연필을 숟가락이라고 생각하기도 하고 주사라고 생각하기도 하는 등 참신한 아이디어를 생각해 내는 힘, 즉 창의성을 발휘합니다.

또한 아이는 자신의 본래 역할이 아닌 다른 역할을 하면서 주변 사람과의 인간관계가 유동적으로 바뀌는 경험을 하고 그 안에서 그 역할을 정확하게 연기합니다. 이런 유동적인 소통도 창의성을 향상시킬 기회가 되지요.

과학적으로 증명된 소꿉놀이의 기능

과학적으로도 소꿉놀이와 창의성은 그 관계가 상당히 깊다는 사실이 밝혀졌습니다. 소꿉놀이를 하려면 아이는 타인과 사물 등 자신과 다른 관점에 서야 합니다. 바로 디폴트 모드 네트워크가 연관되어 있지요.

즉 소꿉놀이를 하면 자연스럽게 디폴트 모드 네트워크가 활성화된 상태를 만들 수 있습니다. 또한 관점의 전환 덕분에 멘탈라이징 네트워크도 활성화되어 타인이나 자신의 기분을 생각하는 능력을 향상시킬 수 있지요. 실제로 소꿉놀이는 아이의 사회성이나 감정 통제 발달을 효과적으로 촉진합니다.

이런 점에서 부모는 아이의 놀이 환경을 조성할 때 전제적인 균형에 신경을 써야 합니다. 잘 만들어진 '지능 교육용 장난감'인 학습 게임도 생각하는 힘을 기르는 데 일정한 역할을 하는 것은 틀림없는 사실입니다.

그러나 이런 교재에 너무 의존해 버리면 균형 잡힌 창의성이나 생각하는 힘을 발달시키기 어렵습니다. 소꿉놀이, 역할

놀이 등 아이의 발달 상황에 맞는 놀이가 얼마나 중요한지 깊이 깨닫길 바랍니다.

또한 소꿉놀이를 졸업할 연령이라도 역할 놀이나 연극 등의 요소가 담긴 활동을 지원하거나 4장에서 소개했던 관점의 전환으로 이어나갈 수 있는 훈련도 실천해 보는 것이 좋습니다.

스탠퍼드식 생각법 POINT
훈련이 아닌 소꿉놀이, 역할 놀이 등의 놀이도 아이의 창의력을 높이는 데 도움이 된다.

역경을 견디면 창의적으로 성장한다

　화가, 음악가, 소설가 등 창의적인 직업에 종사하는 사람들에게 공통점이 하나 있습니다. 대개 인생에서 큰 역경을 직면했던 경험이 있다는 점이지요. 예를 들어 어린 시절에 부모를 잃는 경험을 들 수 있습니다.

　어린 시절에 부모를 잃은 경험과 창의성 사이에는 과연 어떤 관계가 있을까요? 이에 대해서 수많은 과학적인 연구가 이루어지고 있습니다.

　그중 무려 소설가의 55퍼센트가 경험했다는 '고아 효과'에 주목할 필요가 있습니다. 고아 효과는 세상에 홀로 남겨진 듯하고 버림받은 듯한 외로움으로 가득한 심리적 효과를 말합니다.

창의적인 직업군의 사람들은 우울증 발병률이 다른 분야보다도 높다고 합니다. 심리적인 측면뿐만이 아니라 신체적인 측면에서도 심각한 병이나 상처 등의 경험도 동일한 결과가 나왔습니다.

슬픔과 창의력의 상관관계

슬프고 절망스럽고 고통스러웠던 경험, 주변 사람들이 자신의 기대를 저버리거나 뜻대로 풀리지 않는 고난과 역경이 어째서 인간을 창의적으로 만들까요? 이에 관해서는 지금까지 몇 가지 가설이 제기되었습니다.

예를 들어 힘든 상황 속에서 주저앉아 슬퍼하고만 있을 수 없으니 어떻게 해서라도 긍정적으로 다시 생각해 보려고 안간힘을 쓰기에 창의성이 강하게 발동한다는 가설입니다. 현재의 상황에서 빠져나오기 위해 자연스럽게 창의성을 발휘하게 된다는 것이지요.

이와 마찬가지로 크나큰 역경 속에서 지금까지 믿어 왔던 자신의 가치관이나 전제가 송두리째 무너지면서 새로운 가치관이나 세계관을 찾기 위해서 창의성이 꽃을 피운다는 가설도 있습니다. 이렇듯 역경이 우리에게 창의적인 성장을 가져다준다는 조사 결과가 끊임없이 나오고 있습니다.

인생은 도전으로 가득합니다. 살다 보면 어떤 형태로든 고난과 역경, 불합리한 일, 난제 등이 예고 없이 들이닥치지요. 그러나 이런 상황을 극복할 때마다 우리는 성장합니다. 그 성장은 매우 특별하며 우리가 더욱 자유롭게 생각할 수 있도록 창의성을 키워 줍니다.

이렇듯 역경과 창의성의 관계를 알아 두면 아이가 큰 역경에 직면했을 때 자신의 힘으로 긍정적으로 생각할 수 있고 앞으로 나아가는 계기를 발견할 수도 있습니다. 아이가 역경을 기회로 바꾸는 마음가짐을 가질 수 있도록 아이와 창의성에 관한 이야기를 꼭 한번 나누길 추천합니다.

스탠퍼드식 생각법 POINT

인생에서 버려진 듯한 느낌을 받을 때를 성장의 기회로 삼으면 한층 더 발전할 수 있다.

아이의
창의성을
지원하는 방법

아이의 창의성을 길러 주는 연습은 일상생활에서도 충분히 가능합니다. 바로 아이에게 마음챙김 연습을 시키고 할 수 있다는 믿음을 주는 것이지요.

마음챙김과 창의성 사이의 연관성은 이전부터 주목받아 왔고 이와 관련된 과학 연구도 진행되어 왔습니다. 그중에는 10분 동안의 명상으로 새로운 아이디어를 창출하는 능력이 22퍼센트나 향상되었다는 놀라운 보고도 있습니다.

이런 이유에서 지금까지 교육 현장만이 아니라 사회인을 위한 훈련의 일환으로도 마음챙김이 도입되고 있습니다. 제가 거주하고 있는 북 캘리포니아에서는 마음챙김이나 명상 워크

숍을 직원에게 제공하는 기업이 상당히 많습니다. 예를 들어 구글이 직원에게 무료로 개방한 '자신의 내면을 찾는다(Search Inside Yourself)'라는 마음챙김 코스는 항간에 큰 화제를 불러 모으기도 했습니다.

다만 무엇이든 균형이 중요합니다. 있는 그대로 받아들이려는 열린 마음의 자세로만 너무 편중되는 것도 상책은 아닙니다. 아무리 단정 짓는 자세가 아니더라도 지금 있는 그대로를 받아들이는 것만으로는 지금까지와 다른 참신한 아이디어에 도달하지 못할 수도 있기 때문입니다.

따라서 자신을 솔직하게 되돌아보고 재점검하는 마음챙김에 더해서 창의성을 향상시키는 마음의 틈새 시간도 균형 있게 실천하는 것이 효과적입니다.

앞서 언급한 바와 같이 창의성은 뇌의 다양한 기능을 균형 있게 사용해서 활성화하는 능력입니다. 그래서 지금까지 설명한 마음의 틈새 시간, 소꿉놀이, 역할 놀이, 마음챙김 중에서 어느 하나에만 편중하지 말고, 이들을 각각 균형 있게 골고루 실천해서 아이의 창의성을 지원할 수 있도록 노력하는 것이 좋습니다.

간단하게 알 수 있는 아이의 창의성

여기까지 아이의 창의성을 지원하기 위해서 부모로서 지금부터 해야 할 일에 대해서 설명했습니다. 마지막으로 아이의 창의성에 관해서 자주 받는 질문 중 하나를 소개하고자 합니다.

"지금 우리 아이의 창의성이 어떤지 알고 싶습니다. 전문적인 진단 테스트가 있겠지만 대략적인 지표로 간단하게 알 수 없을까요?"

현대 창의성 연구의 선구자 중 한 명인 미국 조지아 대학교의 폴 토랜스 교수는 창의적인 아이의 특징을 다음과 같이 10가지로 추렸습니다.

1. 깊이 생각하는 것을 좋아한다.
2. 틀려도 속상해하지 않는다.
3. 자신의 작업에 열정이 있다.
4. 목적의식이 있다.
5. 자신의 작업을 즐긴다.
6. 혼자라도 괜찮다.
7. 주변과 다르다.
8. 다재다능한 사람은 아니다.

9. 사명감이 있다.
10. 남들과 다른 사고방식을 두려워하지 않는다.

　폴 토랜스 교수를 비롯한 창의성 연구자의 조사에 따르면 이런 특징을 보이는 아이는 미래에 창의적인 직업을 가질 확률이 높고, 자신의 열정과 의욕, 사명을 불태울 수 있는 삶의 목표를 가질 수 있다고 합니다. 이들 10가지 특징 중 자신의 아이가 몇 가지 특징에 해당하는지 살펴보면 앞으로 아이를 키우는 데 도움이 될 것입니다.
　또한 폴 토랜스 교수는 성장하는 아이들을 위해서 자신의 창의성을 크게 꽃피울 수 있도록 여덟 가지 메시지를 남겼습니다. 아이에게도 이 메시지를 꼭 알려 주고 아이의 창의성이 크게 꽃피울 수 있도록 지원해 봅시다.

1. 무언가에 푹 빠져서 집중적으로 추구하는 것을 두려워하지 마라.
2. 자신의 가장 큰 장점을 알고 이해하고 긍지를 갖고 그 장점을 사용하고 향상하고 활용하며 즐겨라.
3. 타인이 만들어 놓은 기대에서 자신을 해방시키는 법을 배워라. 타인이 자신에게 강요하는 게임과는 이별을 고하자.
4. 자신의 힘으로 자신의 게임을 한다.

5. 자신을 도와주는 훌륭한 선생님이나 멘토를 찾자.

6. 다재다능한 사람이 되려고 에너지를 낭비하지 말자.

7. 자신이 좋아하고 잘하는 것을 해라.

8. 친구와 협력하는 기술을 배우자.

스탠퍼드식 생각법 POINT

마음챙김, 소꿉놀이, 마음의 틈새 시간 등 다양한 방법을 골고루 실천하며 아이 창의성을 키워 주는 것이 좋다.

7장

틀을 깨는 아이

스탠퍼드 철학 교육법

철학 사고란 무엇일까?

　자, 드디어 생각법의 마지막 필수 요소이자 궁극적인 요소인 '철학 사고'에 대해서 생각해 볼 시간입니다. 철학 사고란 일반 상식이나 자기 생각의 전제가 되는 틀을 비판적으로 음미하여 새로운 가치관이나 세계관을 모색하는 활동입니다.

　자신이 옳다고 믿는 생각 또는 너무나도 당연해서 옳다, 그르다, 믿는다 등의 의식조차 하지 않는 생각에 대해서 새롭게 '왜?'라고 물음을 던지고 평소 자신의 틀에서 벗어나 생각해 보는 행위입니다. 이런 마음의 움직임이 철학 사고의 본질입니다. 이 과정을 거쳐야 새로운 아이디어나 가치관에 다다를 수 있지요.

예를 들어 '다른 사람의 물건을 훔치면 안 된다'라는 당연한 일에 '왜?'라고 물음을 던지고 생각해 보는 것이지요. 이때 대부분의 사람들은 "남의 물건을 훔치면 안 된다고 법률로 정해져 있으니까"라고 답할 것입니다.

여기에 '왜?'라는 질문을 던져볼까요? 모두가 남의 물건을 훔친다면 애초에 '자기 물건'이라는 개념 자체가 성립되지 않습니다. 그러므로 물건을 소유하는 것을 인정하려면 훔치는 행위 자체가 없어져야겠지요.

이런 식으로 점점 자신의 사고 전제와 사물의 본질을 파헤쳐 나가는 연습이 필요합니다. 이런 과정을 거치며 우리는 사물이나 세상 이치에 대한 이해가 깊어지고, 최종적으로 생각하지도 못했던 아이디어나 세계관에 도달할 수 있습니다.

지금이야말로 생각하는 힘이 필요하다

급격하게 변화하는 현대 사회에서는 지금까지 고수해 왔던 자신의 사고 틀에서 벗어나 새로운 세계관이나 가치관을 이해하고 발견하는 힘이 필요합니다.

우리 아이들은 초·중·고등학교 과정을 거치며 다양한 과목을 배우고 다양한 분야의 지식을 습득합니다. 어떤 지식일지라도 반드시 그 전제가 되는 세계관과 사고방식의 틀이 있고,

아이들은 각각의 분야를 배우면서 세계관과 사고방식의 틀을 무의식적으로 내면화해 나갑니다.

  이런 과정 없이 학습을 진행하는 것은 불가능합니다. 하지만 전문 지식을 익히면 익힐수록 그 전제가 되는 가치관이나 틀에 얽매이게 되지요. 학습하며 배운 것이 곧 자신에게 당연한 것이 되고 그 외의 사고방식을 받아들이기 어려워집니다.

  현재 인공지능 사회에서는 구조나 공통 인식이 엄청난 속도로 변화하고 있습니다. 새로운 환경이나 사고방식에 잘 적응하고 이런 변화에 맞추어 새로운 관점과 가치관을 창출해 나가는 능력이 요구되고 있지요.

  따라서 우리 아이들이 학습하는 과정에서 일정한 세계관이나 가치관을 이해하면서도 그에 얽매이지 않도록 만드는 것이 중요합니다. 철학 사고로 더욱 유연하게 새로운 환경에 대응하는 힘을 양성해 나가야 합니다.

  물론 정해진 현재의 틀 속에서 원만하게 잘 지내는 것, 즉 이미 그곳에 존재하는 게임을 능숙하게 하는 힘도 중요합니다. 하지만 예측 불가능할 만큼 급격하게 변하는 사회에서 살아남기 위한 힘의 열쇠는 새로운 게임에 적응하고 이와 더불어 새로운 게임 자체를 만들어 내는 '게임 체인저'가 되는 것입니다.

그렇다면 이런 철학 사고를 기르려면 어떻게 해야 할까요? 일단 자신만의 방식으로 철학 관련 서적을 모조리 읽거나 무턱대고 많은 사람과 논의를 벌여봤자 효과는 미미합니다. 그보다는 철학 사고의 핵심 기술을 순서에 따라서 의식적으로 연습하는 것이, 철학 사고를 효과적으로 향상시키는 가장 좋은 방법이자 지름길입니다.

스탠퍼드식 생각법 POINT
아이를 미래 사회의 게임 체인저로 만들기 위해서는 철학적 사고부터 길러 줘야 한다.

내 아이에게 철학은 좋은 점으로 가득하다

일단 어린아이들이 철학 사고가 가능한지에 대해서 이야기해 보도록 하겠습니다. 철학을 명확하게 규명하기조차 어려운데, 아이에게 가르친다니 어떻게 하면 좋을지 감이 잡히지 않을 수 있습니다. 게다가 그렇게 중요한 것이라면 학교에서도 가르칠 법한데 그렇지 않지요.

실제로 미국에서도 고등학교까지의 공교육 과정에서 유명한 철학자의 이름이나 대략적인 업적 정도만 다룰 뿐 철학의 본질을 논하는 수업은 거의 찾아볼 수가 없습니다.

또한 '철학은 아이들이 이해할 수 없다', '너무 어렵다'라는 이미지가 20세기 후반의 심리학 이론으로도 뒷받침되었습니다.

심지어 발달 심리학의 권위자인 스위스의 장 피아제는 11~12세 정도의 아이는 철학 사고가 불가능하며 이는 아이의 인지 발달에 따른 것이라고 결론짓기까지 했습니다.

그러나 이런 사고방식은 최근 연구를 통해서 크게 뒤집혔습니다. 미취학 아동이라도 철학 사고를 할 수 있고, 오히려 일찍 시작해서 아이의 철학 사고를 지원하는 것이 바람직하다는 의견이 제시되었습니다.

현재 아이들을 위한 철학 교육을 장려하는 국제단체가 다수 존재하며 유럽과 북남미, 오스트리아, 뉴질랜드 등에서 활발한 활동을 벌이고 있습니다. 이런 흐름에 발맞춰 제가 교장으로 근무하는 학교의 교육과정에도 전 학년 모두 철학을 필수 과목으로 이수해야 합니다.

그럼 아이가 철학을 이해하면 어떤 점이 좋을까요? 일단 철학에서는 본질적으로 두뇌 훈련을 하므로 논리력과 추론력이 향상됩니다. 또한 읽고 쓰는 능력을 갈고닦거나 토론을 통해서 상대방의 생각을 이해하고 자신의 생각을 표현하는 소통 능력도 향상됩니다. 이와 함께 철학의 사고방식을 가르치니 아이의 IQ가 좋아졌다는 보고도 있습니다.

이뿐만이 아닙니다. 아이의 자기긍정감이나 심리 안정에도 철학은 매우 효과적입니다. 철학으로 심리 3대 욕구 중 하나인 '자율성'을 만족시킬 수 있습니다. 또 새로운 사람과 새로운 생각을 접할 수 있기 때문에 '관계성'을 확인할 수 있고, 자신에게 생각하는 힘이 있다는 '유능감'을 느낄 수 있습니다. 즉 철학 사고는 인간의 심리에 매우 효과적인 궁극의 특효약인 셈입니다.

스탠퍼드식 생각법 POINT
철학은 아이의 '머리'에만 좋은 것이 아니라 '마음'에도 좋다.

어떻게 아이의 철학적 사고를 키워 줄 수 있을까?

그렇다면 어떤 점에 주의해서 아이의 철학 사고를 키워 나가면 좋을까요? 일단 아이를 향한 부모의 마음가짐부터 살펴봐야 합니다. 이 책에서 종종 지적해 왔듯이 아이를 지원하는 부모가 직접 롤 모델이 되어서 모범을 보이는 힘은 매우 막강합니다.

부모가 가장 좋은 스승이다

철학 사고도 예외는 아닙니다. 부모가 철학 사고를 실천하거나 그런 자세를 중요시하는 모습을 보이면 아이의 철학 사고를 효과적으로 촉진할 수 있습니다. 일단 다음과 같은 점에 주의하면서 아이에게 좋은 모습을 보여 줄 수 있도록 노력해 봅시다.

1. 의문을 제시한다.

무언가에 의문이 생겼다면 "이건 뭐지?", "잘 모르겠다, 찾아봐야겠네"라는 말로 표현합니다. 그런 다음 부모가 실제로 답을 찾아보거나 생각하는 모습을 보여 주고 아이와 함께 논의합니다. 혹은 함께 시행착오를 겪어 보는 것도 좋습니다.

2. 이유나 근거를 생각한다.

의견이나 생각의 이유가 무엇인지를 잘 모를 때는 모른다는 사실을 인정하고 아이와 함께 생각해 봅니다. 세상 모든 일에는 원인이 존재합니다. 그것이 무엇인지 생각해 보는 것이지요. 답을 찾지 못해도 부모가 탐구하는 자세를 보이면 아이의 철학 사고를 촉진할 수 있습니다.

3. 아이의 생각을 열린 마음으로 듣는다.

한심하다고 생각하지 말고 아이가 의도한 의미를 이해하려는 자세를 보여 줘야 합니다. 또한 아이에게 질문이나 가설을 세워 보게 하는 것도 좋습니다.

이와 더불어 다음에 나올 생각이나 언행을 가급적 삼가고 자녀의 철학 사고에 찬물을 끼얹지 않도록 주의해야 합니다.

1. 0 아님 1을 생각한다.

흑백, 0 아니면 1과 같은 이분법적인 사고에 얽매이지 않도록 주의합시다. 우리가 사는 세상은 훨씬 복잡합니다. 흑백처럼 보여도 반드시 어느 한쪽으로 정할 수 없는 일이 있고, 경우에 따라서는 그 중간 부분인 회색이 많기도 하지요.

2. '도그마'를 강요한다.

도그마, 즉 자신의 절대적인 생각이나 믿음을 어떤 설명도 논의도 없이 아이에게 강요하는 것은 절대로 금물입니다. 자녀가 배웠으면 하는 점이 있다면 명확하게 그 이유를 설명하고 배움으로 이끌어야 합니다. 이유 없이 윽박지르거나 압박으로 강요해서는 안 됩니다.

3. 무조건 아는 척한다.

알고 있다고 생각했는데 아이와 대화를 나누다 보니 실제로 이해가 부족했다는 사실을 깨달았다면 솔직하게 고백하고 인정해야 합니다. 자신이 몰랐던 것을 아이와 함께 찾아 보는 자세를 보여 주세요.

46인의 최고 학자가 말하는 여섯 개의 철학 기술

부모가 가져야 할 마음가짐을 이해했다면 그다음은 철학 사고의 기술을 구체적으로 살펴볼 차례입니다. 앞에서 언급했듯이 철학 사고의 기술을 명시적으로 가르치는 것이 철학 사고를 훈련하기 위한 지름길입니다. 어떤 능력이나 기술을 익히려고 배우는지에 대해서 가르치는 부모는 물론 아이도 이해하고 있어야 하지요. 이 점이 가장 중요합니다.

하지만 철학 사고란 당연하다고 여겼던 상식이나 자신의 사고에 전제가 되는 틀을 비판적으로 생각해서 새로운 가치관이나 세계관을 모색할 때 필요한 기술을 뜻합니다. 이렇게 까다롭고 명확하지 않은 철학 사고는 어떻게 갈고닦아야 할까요?

이리저리 헤매게 될 것을 각오하고 이 물음의 답을 찾기 위해서 과감하게 뛰어든 사람들이 있었습니다. 교육학, 심리학, 철학 등의 분야에서 세계적인 권위자로 유명한 46명의 위인입니다. 20세기 후반 무렵 이들 46명의 학자는 이 물음에 대해서 진지하게 논의를 벌였는데, 그들이 결론 지은 여섯 개의 중요 기술은 다음과 같습니다.

- 해석하는 힘: 난해한 것에서 의미를 찾아내거나 모호한 것을 명확하게 논하거나 복잡한 것을 잘 분류해서 정리하

는 힘을 의미합니다.
- 분석하는 힘: 생각이나 논의의 이론을 세워서 이해하고 음미하는 힘을 의미합니다.
- 평가하는 힘: 생각이나 논의의 타당성이나 확실성을 판단하는 힘을 의미합니다.
- 추론하는 힘: 근거나 증거를 찾아내서 다른 가능성도 시야에 두고 결론을 도출하는 힘을 의미합니다.
- 설명하는 힘: 생각을 제시하고 그 생각에 이르게 된 이유나 이치를 명확히 하는 힘을 의미합니다.
- 자신을 되돌아보는 힘: 자신의 생각이나 논의를 다시 한번 생각해서 잘못을 찾거나 바로 고치는 힘을 의미합니다.

철학 사고란 당연한 상식이나 자기 사고의 전체가 되는 틀을 비판적으로 음미하고 새로운 가치관이나 세계관을 모색하는 생각입니다. 그러려면 일단 현재 자신의 사고를 해석하고 분석해야 합니다.

그런 뒤에 자신의 사고가 어떤 근거로 성립되었는지를 평가하고 그 외 다른 전제나 거기에서 어떤 결론이 나올지 등을 추론할 필요가 있지요. 또한 자신을 되돌아보면서 새로운 가치관이나 세계관을 모색하고 도출한 아이디어를 설명할 수 있어야 합니다.

뒤에서 소개할 철학 사고의 훈련법은 이 여섯 기술을 향상시키는 데 효과적입니다. 각 훈련의 설명 부분에 구체적으로 어떤 효과가 있는지 자세하게 해설해 놓았으니 참고하길 바랍니다. 또한 철학 사고 훈련의 효과를 최대화하려면 각 훈련의 목적을 의식하면서 실천하는 것이 중요함을 잊지 않았으면 합니다.

스탠퍼드식 생각법 POINT
철학적으로 생각하기 위해서는 해석, 분석, 평가, 추론, 설명, 자신을 되돌아보는 힘을 길러야 한다.

4세 아이도 할 수 있는 철학 사고

자, 드디어 철학 사고 기술을 갈고닦기 위한 구체적인 훈련법을 소개할 차례입니다. 어린아이에게도 효과적이라 4세 정도부터 훈련을 시작해도 괜찮습니다. 다만 발달이 느린 아이의 경우는 4세 이상이라도 힘들어할 수도 있으니 이 점에 유의해 주세요. 조급해하지 말고 천천히 즐겁게 '롤 모델의 마음가짐'을 의식하면서 지원해 나가 봅시다.

일주일에 한 번, 5분 정도면 충분합니다. 뭐라도 첫술에 배부를 수는 없습니다. 놀이의 연장이라고 생각하고 편안한 분위기에서 시작하는 것이 좋습니다. 물론 일주일에 한 번 이상 자주 하면 효과는 더욱 높아집니다. 아이와 다음과 같이 철학 사고에 관한 대화를 나눌 기회를 마련해 봅시다.

1. 예시를 들어 본다.

'빨강', '사각' 등의 기본 개념을 조합한 구체적인 사례(예: 우체통 등)를 아이에게 말해 보라고 요청합니다. 한 가지 예시가 나왔다면 "그럼 또 뭐가 있을까?"라고 다른 예시를 묻습니다.

더 이상 예시가 나오지 않으면 "자, 이번에는 빠르면서 큰 동물은?"이라며 개념을 바꿔서 물어봅니다. 아이가 이 과정에 익숙해졌다면 더 관련이 없는 개념을 만들거나(예: 시끄럽고 둥근 것 등) 개념의 개수를 늘려서(예: 둥글고 빨간색인데 맛있는 것 등) 난이도를 높여 나가면 됩니다.

효과: 주어진 개념의 조합을 이해하면서 해석하는 힘과 분석하는 힘을 기를 수 있습니다. 또한 주어진 개념에 맞는 사례를 찾으면서 평가하는 힘과 추론하는 힘을 기를 수 있습니다.

2. 공통점을 찾는다.

구체적인 사물을 두 개 열거하고 공통점을 찾는 게임을 합니다(예: "사과랑 멜론은 뭐가 똑같을까?"). 일단 아이에게 공통점을 여러 개 말해 보라고 요청합니다. 공통점을 더 이상 말할 수 없으면 "둘 다 달콤할까?", "둘 다 큰가?" 등 몇 가지 질문을 던져 아이에게 맞았는지 틀렸는지 생각하는 기회를 제공합니다.

아이가 이 과정에 익숙해졌다면 난이도를 높여서 공통점이 점점 없어 보이는 것을 비교하게 합니다(예: 자전거와 빵 등). 아이가 찾아낸 공통점이 명확하지 않은 경우(예: 사과도 멜론도 녹색이다 등)에는 관심을 보이며 "왜?"라고 물어봅니다.

효과: 비교 대상의 공통점을 찾으면서 해석하는 힘과 분석하는 힘을 훈련할 수 있습니다. 또한 공통점에 대해 설명하는 힘을 기르는 기회가 됩니다.

3. 질문을 점점 확장한다.

책을 읽거나 이야기를 들려줄 때 줄거리 일부에 대해서 질문합니다. 예전에 했던 이야기를 떠올리게 해도 좋습니다.

처음에는 답이 명확한 질문으로 시작하고, 아이가 익숙해졌다면 답이 명확하지 않은 복잡한 '열린 결말형(예: "왜 귀신은 마을 사람들을 괴롭혔던 거지?" 등)' 질문을 합니다. 아이와 함께 다양한 가능성을 다양한 관점에서 이야기하고 답이 하나로 정해지지 않는 질문도 있다는 것을 알려 주면 됩니다.

효과: 질문에 맞는 답을 이런저런 생각을 하며 찾으므로 평가하는 힘을 키울 수 있고 추론하는 힘도 단련할 수 있습니다. 또

한 정답을 설명하는 힘을 향상시킬 수 있습니다.

이들 훈련을 조합하거나 살짝 변형해서 아이에게 더욱 친숙하고 적합한 훈련이 된다면 망설이지 말고 다양하게 시도해 보길 바랍니다. 하지만 이런 훈련의 목적은 리듬감 있게 빠르게 진행하는 것이 아닙니다. 아이가 철학 사고를 할 수 있는 기회를 마련하는 점이 중요하지요.

설령 아이가 대답을 못하더라도 긴 안목으로 기다려 줍니다. 아이가 생각하고 있다는 반응이 온다면 그것으로 훈련의 효과는 이미 나타나고 있는 것이니 걱정하지 않아도 됩니다. 아이를 훈련시키는 부모도 처음에는 익숙하지 않아서 서툴 수 있습니다. 하다 보면 요령이 생길 것입니다. 조급해하지 말고 편안한 마음으로 해 보세요.

스탠퍼드식 생각법 POINT
어린아이와 함께 할 수 있는 철학 사고 훈련은 일주일에 5분이면 충분하다.

초등학교에서 지속 가능한 철학 사고

초등학생이라도 앞에서 언급한 훈련 방법은 효과적이며 즐겁게 놀면서 할 수 있습니다. 앞의 훈련에 익숙해졌거나 살짝 질린 감이 있다면 그다음 단계로 넘어가면 됩니다.

요령은 동일합니다. 일주일에 한 번씩 5분 정도라도 좋으니 자녀와 함께 대화하는 기회를 마련하고 다음의 훈련 중 아무것이나 골라서 해 봅시다.

1. 주제에 따라 목적을 찾는다.

특정 규칙(예: '빨강 신호등에서는 멈춘다')이나 도구 기능(예: '조리용 젓가락은 왜 길까?') 등의 주제를 정해서 그 목적을 추측하고 설명하도록 합니다.

처음에는 눈에 보이거나 만질 수 있는 도구부터 시작하고, 점차 주변 규칙으로 넘어갑니다. 간단한 법률이나 사회 규칙(예: '남의 물건을 훔치면 안 된다')도 좋은 주제입니다.

아이가 깊이 있는 사고를 할 수 있는 계기로, 규칙이나 도구가 없거나 다른 형태라면 어떻게 될지 등 귀결을 추측해 보게 하는 것도 효과적인 훈련이 됩니다. 기회가 있다면 아이의 생각에 대한 반론이나 다른 가능성이 있다는 점을 지적하고 깊이 생각해 볼 수 있도록 지원하면 좋습니다.

효과: 근거를 찾아서 이유를 말하게 하므로 추론하는 힘과 설명하는 힘을 더욱 강화시킬 수 있습니다. 또한 다른 사람의 반론을 듣고 자신의 생각을 재점검하는 기회도 얻게 되므로 자신을 되돌아보는 힘을 의식하기 시작합니다.

2. 증거를 찾는다.

무언가 구체적인 사실에 주목하게 해서 그 증거(예: '냉장고에 당근, 감자가 있었다')를 아이에게 찾도록 합니다. 아이가 열거한 증거가 빈약하면 그 증거에서 도출할 수 있는 다른 가능성을 지적합니다(예: "당근이랑 감자로는 감자조림도 만들 수 있지 않아?").

그런 뒤에 증거를 더 생각해 보도록 합니다. 증거 찾기만이 아니라 '누가 했을까?'와 같이 추리 요소를 가미하면 아이가 즐겁게 훈련할 수 있습니다.

효과: 추측하는 힘과 설명하는 힘에 더해서 스스로 찾은 증거를 평가하는 힘을 기를 수 있습니다. 또한 추론을 수정하는 기회를 만들면 자신을 되돌아보는 힘을 기르게 됩니다.

3. 정의와 예외를 찾는다.

구체적인 것(사과)에 초점을 맞추고 그 특징을 세 가지 들어 보게 합니다. 세 가지 특징을 자녀 스스로 재검토해서 그밖에 다른 '예외'가 있는지 생각해 보도록 합니다(예: '사과→둥글다, 빨갛다, 맛있다→앵두').

예외 없이 정의할 수 있도록 그 밖에 어떤 특징을 열거하면 좋을지를 생각해 보도록 합니다. 의외로 정의가 수월하게 나오는 것도 있는가 하면 어려운 것도, 불가능한 것도 있습니다. 그런 경우도 이 훈련의 중요한 경험이 됩니다.

효과: 사물의 특징을 생각해 보면서 해석하는 힘과 분석하는 힘을 기를 수 있습니다. 예외를 찾으며 평가하는 힘과 추론하는 힘도 기를 수 있지요.

이 훈련이 잘 되지 않더라도 조급해할 필요는 없습니다. 아이가 '흐음…' 하고 생각하는 모습을 보이는 등 반응이 있다면 효과가 있다는 증거이고 발전하고 있다는 증거입니다. 이들 훈련을 조합하거나 변경, 응용해서 아이와 자신에게 맞는 방법을 개발해 보길 바랍니다.

정답을 찾았어도 너무 안심하지 말고 계속해서 생각에 생각을 더해 나가고, 반대로 정답이 없을 것 같아도 차근차근 생각해 보면 답은 보입니다. 이런 경험을 하면서 아이는 생각하는 힘을 갈고닦을 수 있습니다.

스탠퍼드식 생각법 POINT
철학 사고 훈련의 목적은 반드시 정답을 찾는 것이 아닌 스스로 생각해 보는 것에 있다.

중학생 때라도 늦지 않은 비판적 철학 사고

여기까지 설명한 훈련에 익숙해졌다면 다음 훈련으로 넘어가면 됩니다. 중학생이라도 철학 사고에 익숙하지 않은 경우에는 앞에 나온 훈련부터 시작하는 것이 효과적입니다. 아이의 상황에 맞추어 무리하지 않는 선에서 진행해 나갑시다.

1. 살짝 비틀어 본다.

사물이나 대상(예: 학교)을 정하고 앞에서 언급한 방법에 따라서 그 대상의 정의를 말합니다(예: '건물이 있다', '공부하는 곳', '아침 일찍 가야 하는 곳' 등).

사물이나 대상의 특징이나 정의의 구성 요소 중 하나를 바꿔 보면 어떻게 될지 생각해 봅니다(예: "자, 건물이 있다가 없으면 어떻게 될 것 같아?" 등). 아이가 이 과정에 익숙해졌다면 사물이나 대상을 더 복잡한 것으로 설정하는 등 난이도를 높여 나가면 됩니다.

효과: 사물의 특징을 생각하므로 해석하는 힘과 분석하는 힘을 기를 수 있습니다. 더 나아가 바뀐 특징에 맞는 결과를 생각해야 하므로 평가하는 힘이나 추론하는 힘도 기를 수 있지요. 또한 사물의 전제를 살펴본 뒤에 그 전제를 바꾸면 어떻게 될지를 생각하는 철학 사고의 본질에 다가갈 수 있습니다.

2. 섀도 디베이트(shadow debate)

먼저 시사나 주변 화제 등 아이가 흥미를 보일 만한 주제를 정합니다(예: '스마트폰은 하루에 2시간까지 해야 한다' 등). 일단 아이가 찬성인지 반대인지와 상관없이 찬성의 입장에서 제시할 만한 근거를 열거하도록 합니다.

그다음에 반대 입장인 사람이 근거로 제시할 법한 것을 생각하도록 합니다. 아이가 어려워하는 경우에는 찬성이나 반대 입장의 가능성을 넌지시 제시해 주는 것도 좋습니다(예: "○○처럼 말할지도 모르겠구나" 등).

그리고 자신이 처음에 했던 생각을 되돌아보게 하고 의견이 어떻게 변했는지 살펴보도록 합니다. 시간이 된다면 가족이 실제로 토론을 해 보는 것도 좋습니다. 게임을 한다는 느낌으로 '엄마 대 아이, 아빠가 판정' 등 역할을 바꾸면서 하면 더욱 효과적입니다.

효과: 각 주장의 근거를 찾으므로 분석하는 힘과 추론하는 힘을 단련할 수 있습니다. 또한 그 입장을 설득력 있게 표현해야 하므로 설명하는 힘도 기를 수 있지요. 자신의 입장과 거리를 두면서 반대 입장을 생각하므로 자신을 되돌아보는 힘과 평가하는 힘도 단련할 수 있습니다.

이 방법들은 아이가 중학교에서 고등학교로 진학한 뒤에도 효과적입니다. 반드시 일상 속에 삶의 리듬으로 습관화해서 아이의 생각하는 힘을 지원해 나가도록 합시다.

스탠퍼드식 생각법 POINT
철학 사고 훈련은 중학생, 고등학생이 해도 효과적이다.

부록

세계적인
교육 컨설턴트가
답하는
내 아이
고민상담소

Q1. 자녀에게 스마트폰이나 인터넷 등을 금지해야 할까요?

학교나 온라인상에서 종종 받는 부모님들의 고민을 부록으로 소개합니다. 부모님들의 고민에 도움이 되기를 바라며 관련 연구 자료를 기반으로 답하고자 합니다.

첫 번째 사연은 스마트폰이나 인터넷에 관한 고민입니다.
스마트폰이나 인터넷은 어른뿐만 아니라 아이들에게도 이제는 너무나도 익숙합니다. 스마트폰으로 영상을 보고 게임을 즐기고 SNS를 하며 친구와 연락을 주고받는 등 정신을 차려 보면 어느새 몇 시간이 훌쩍 지나가 있지요. 이런 상황은 남녀노소를 불문하고 우리에게 이미 평범한 일상이 되었다고 해도 과언이 아닐 것입니다.
실제로 미국에서는 학교와 공부 시간 외에 아이들이 스마트폰이나 인터넷을 보는 '스크린 타임'이 8~12세는 4~5시간, 중고생은 7~8시간이라는 결과가 나왔습니다. '인터넷이나 스마트폰에 아까운 시간을 낭비하는 대신 공부에 할애하면 얼마나 좋을까…'라는 생각을 한번쯤은 해 봤겠지요.

경우에 따라서는 스마트폰이나 컴퓨터를 없애고 인터넷과 게임을 금지하는 방법을 고려하는 부모님들도 있을 것입니다. 실제로 학교 교내와 수업 시간에 스마트폰 사용을 금지하는 학교가 적지 않습니다. 인터넷이나 스마트폰에 심하게 의존하는 학생에게 일정 시간 '디톡스'의 형태로 인터넷에 접속하거나 스마트폰을 만지지 못하도록 하는 다소 강압적인 치료법이 있을 정도입니다.

그러나 스마트폰이나 컴퓨터는 이미 우리 생활의 일부가 되었고 아이들에게서 전자 기기를 완벽하게 차단하는 것은 현실적으로 불가능합니다. 특히 현대 사회를 사는 우리 아이들은 앞으로 IT기술이 더욱 발달한 사회 속에서 살아갈 것입니다.

또한 인터넷이나 스마트폰을 잘 활용하면 효과적인 학습도 기대할 수 있습니다. 따라서 우리는 아이들에게서 전자 기기를 극단적으로 격리할 것이 아니라 인터넷이나 스마트폰과 적당한 거리를 유지하면서 전자 기기를 적합하게 사용할 수 있는 능력을 길러 주어야 합니다.

그렇게 하려면 어떤 방법을 활용해야 할까요? 최근 '테크놀로지 브레이크'라는 개념이 각광을 받고 있습니다. 이는 공부하거나 무엇인가에 집중할 때 주변에 전자 기기를 두지 않고 쉬는 시간에만 스마트폰과 게임 등을 자유롭게 즐기는 시간을 의미합니다.

사람은 어떤 일을 할 때 스마트폰을 사용해야 하는 상황이라면 평균 6분에 1회 꼴로 스마트폰 화면을 본다고 합니다. 즉 유혹 대상이 가까이 있으면 집중력이 떨어지고 산만해지는 것이지요. 실제로 공부하다가 인터넷을 보거나 SNS로 메시지를 주고받으면 학습 효과나 성적이 떨어집니다. 인간의 뇌는 동시에 여러 작업을 하는 일에 상당히 취약하기 때문입니다.

따라서 업무나 학업 도중에는 이런 유혹의 대상을 의식적으로 멀리하는 것이 효과적입니다. 정기적으로 휴식 시간을 갖고 그 시간에 스마트폰을 확인하거나 짧은 동영상이나 게임을 즐기는 것이 좋습니다. 자유롭게 휴식 시간을 가지면 집중력의 온, 오프 전환도 능숙해집니다.

자신이 해야 할 일에 집중할 수 있도록 적당한 타이밍에 테크놀로지를 자유롭게 사용하는 테크놀로지 브레이크 시간을 갖는 것, 이는 다른 데에도 적용할 수 있습니다. 가령 식사 시간이나 취침 시간에는 스마트폰을 금지하고 정해진 시간에 테크놀로지 브레이크 시간을 만들면 균형 있는 생활 리듬을 유지할 수 있지요.

　게임에 빠져서 매일 밤늦게까지 게임을 하는 생활은 어른도 아이도 반드시 피해야 합니다. 그러기 위해서는 해야 할 일이 있을 때는 유혹 대상을 가까이에 두지 말고 전자 기기를 사용할 수 있는 별도의 시간을 만드는 것이 가장 좋습니다. 예를 들어 이런 방법들이 있겠지요.

　'30~90분 공부하고 5~15분 테크놀로지 브레이크 시간을 가진다.'
　'3시간마다 30~60분 정도 긴 테크놀로지 브레이크 시간을 가진다.'
　'식사 시간, 취침 시간, 자녀의 생활 리듬이 중요한 시간 등에는 전자기기 사용을 금지한다.'

　물론 식사 시간에 아이들에게만 스마트폰이나 태블릿 사용을 금하고 그 옆에서 부모가 스마트폰을 만지작거려서도 안 됩니다. 부모도 아이에게 롤 모델로서 모범을 보이고 테크놀로지 브레이크 시간을 엄수하도록 합시다.

Q2. 사교육은 어느 정도 시켜야 하나요?

"요즘 주변 엄마들에게 물어보면 레벨 테스트나 입시 준비를 다 한다고 하더라고요. 주위를 둘러보면 옆집 아이도 영어, 수학, 미술, 체육, 학습지 등 이것저것 많이 하고 있고요. 우리 아이만 뒤처지는 것은 아닌지, 어떻게 하면 좋을지 고민이에요."

육아를 직접 하지 않고 상상하는 것만으로도 이런 고민이 고스란히 느껴집니다. 실제로 많은 아이가 사교육에 상당한 시간을 할애하는데, 초등학생의 80퍼센트가 평균 일주일에 4~5시간을 소비한다고 합니다. 학습 관련 학원은 3분의 1, 평균 5~6시간을 소비합니다.

이는 가계에 미치는 영향도 적지 않습니다. 초등학생에게 들이는 사교육비는 월평균 약 10만 원에서 20만 원 안팎으로 학년이 올라갈 때마다 더 늘어납니다. 중학교 3학년이 되면 정점에 달하는데, 월평균 약 25만 원이 필요하지요.

이러한 사교육의 현실은 부모에게는 물론 가계와 스케줄 관리에 큰 부담이자 육아 스트레스의 원인이 되고 있습니다.

어린 자녀를 둔 부모는 아이의 연령이 높을 수록 성적을 신경쓰게 되고, 아이의 자율성을 믿지 못하게 됩니다. 그러다 보니 공부에만 집중하여 아이가 다양한 체험을 할 기회를 막기도 하지요. 아이가 점점 성장할수록 점차 사교육을 하지 않으면 불안해지고, 좋은 대학교를 가기를 희망합니다.

이런 심리적인 변화는 육아를 하는 부모라면 누구에게나 나타날 수 있습니다. 미리 알아두고 비슷한 심리적 변화가 찾아왔을 때 자신의 불안이나 압박감에 잘 대처할 수 있도록 준비해 보는 건 어떨까요?

또한 이래와 같이 아이에게 사교육을 시킬 때 생각해 봐야 할 몇 가지 중요한 사항을 추려놓았으니 참고하길 바랍니다.

1. 사교육을 시키는 이유를 생각해 본다.

'학교에서 부족한 부분을 보충한다', '흥미나 재능을 키워 준다', '원만한 인간관계를 구축할 수 있도록 사회성을 길러 준다' 등 어떤 목적으로 아이에게 사교육을 시키는지 꼭 되돌아봐야 합니다. 또한 지금 아이가 하는 사교육이 그 목적에 부합하는

지도 생각해 봐야 하지요. '주변에서 하니까 우리 애도 해야지'라는 생각은 결코 자녀를 위한 것이 아닙니다.

2. 가능하다면 다양한 활동을 시킨다.

도를 지나치지 않는 범위 내에서 아이에게 사교육을 포함한 다양한 경험을 할 수 있도록 지원해 줍니다. 아이와 친한 친구, 선생님도 서로 다른 분야나 지역, 연령대로 범위를 넓힐 수 있다면 더 좋습니다. 아이가 다양한 그룹에 속하고 다양한 사람을 만날 기회를 얻으면 마음을 안정시키기 위한 원만한 인간관계를 구축하는 방법과 사회성을 기를 수 있습니다.

3. 가족의 삶과 건강에 미칠 영향을 고려한다.

가계와 가족 간의 스케줄에 악영향을 미친다면 지금의 방식을 재검토할 차례입니다. 학원 종류나 빈도를 줄일 필요가 있을지도 모르지요. 또한 사교육을 해야 한다는 강박감이 가족 관계를 악화시켰다면 잠시 멈춰서 수정이 필요한 부분은 바꾸는 것이 좋습니다. 사교육을 하는 동안 아이의 인생과 삶이 희생된다면 의미가 없습니다.

4. 평균치는 부정적인 징후를 평가하기 위해서만 사용한다.

아이의 생활 모습이나 건강에 부정적인 징후가 보이기 시작했다면 앞에서 언급했던 사교육에 관한 조사나 평균치 등을 참고합니다. 이때 평균치와 큰 차이를 보이더라도 초조해할 필요는 없습니다. 잘하고 있는데 무리해서 평균치에 맞출 필요도 없지요. 각각의 가족과 자녀에게 맞는 사교육과 생활 리듬이 있다는 것을 이해하면 됩니다. 공부와 진로도 마찬가지입니다. 주변에 맞춰서 정해진 틀에 아이를 밀어 넣어서는 절대 안 됩니다.

Q3. 게임 시간을 어떻게 줄여야 하나요?

육아에서 아이의 습관을 생각할 때 피할 수 없는 문제가 바로 게임입니다. 연령과 성별에 따른 차이는 있겠지만 많은 아이들이 상당한 시간을 게임에 소비하지요. 이는 아이들에게만 국한된 이야기가 아닙니다. 스마트폰이나 컴퓨터, 그 외의 단말기를 이용한 게임은 현대를 살아가는 남녀노소 누구에게나 생활의 일부가 되었습니다.

현명하게 활용하면 스트레스 해소와 학습 보충에 도움이 되지만 무엇이든지 과하면 탈이 나는 법입니다. 최근에 게임이 업무나 학습 시간이 부족해지는 것은 물론 우울증이나 불안증 등의 정신 질환, 약물 중독의 위험성과 상관관계가 있다는 사실이 속속히 밝혀지고 있습니다.

하지만 우리는 이런 단면을 잘 알면서도 어쩔 수 없이 게임에 손을 대고 맙니다. 게임 자체가 우리를 게임 속으로 빠져들도록 유혹하는 프로그램이기에 '과하게 게임에 몰입하는 행동'은 어떤 의미에서 자연스러운 결과라 할 수 있습니다.

실제로 심리학적인 관점에서 게임은 인간의 심리 3대 욕구를 자극합니다. 게임에서 이기면 유능감이 느껴지고 자신이 스스로 했기에 자율성도 얻을 수 있습니다.

또한 대결형 게임이나 인터넷 게임에서는 다른 사람과의 유대감도 느낄 수 있습니다. 어른이나 아이 할 것 없이 게임에 몰입하게 되는 이유는 게임이 인간의 근본적인 심리 욕구를 충족시켜 주기 때문입니다.

최근 연구에서는 게임에 몰입하는 경향이 남성에게 더 강하게 나타난다는 것이 밝혀졌습니다. 그 대신에 여성은 SNS에 빠져들기 쉽다고 하지요. 사실 게임이나 SNS를 아이의 일상에서 이를 억지로 떼어놓으려는 행동은 현실적인 해결 방법이 아닙니다. 억지로 못 하게 하면 더 하고 싶은 것이 사람의 심리 아니던가요? 역효과만 초래할 뿐이지요.

테크놀로지 브레이크 시간을 활용하거나 식사 도중이나 잠들기 전에는 게임과 전자 기기를 멀리하고 부모도 게임과 SNS 사용 시간을 줄이는 등 아이에게 모범을 보이는 것부터 시작해야 합니다. 그런 뒤에 게임 시간을 줄이는 습관을 들이는 것이 좋습니다.

이때 다음과 같은 점에 주의하길 바랍니다.

1. 일단 15분씩 줄인다.

앞서 언급했듯이 습관의 변화는 '서서히'가 기본입니다. 15분씩 줄여보고 몇 주 동안 상태를 살핀 뒤에 가능하면 15분을 더 줄여나가면 됩니다. 서서히 조금씩 줄이는 것이 가장 중요합니다.

2. 3대 욕구를 충족할 대체물을 찾는다.

게임은 인간의 심리 3대 욕구를 충족시키기에 푹 빠지기 쉽습니다. 그래서 게임 시간을 줄이려면 3대 욕구를 충족시켜줄 다른 무언가를 찾아야 하지요. 숙제나 청소, 운동 등 성취감을 느낄 수 있는 것이나 타인과 자신을 위한 것을 '심리 3대 욕구의 대체물'로 선택하면 좋습니다. 대체물의 시간을 서서히 늘리면서 게임 시간을 서서히 줄여 나가면 됩니다.

3. 대체물을 먼저 하고 게임으로 넘어간다.

게임 시간을 얼마만큼 줄인 것인지를 정했다면 그 시간만큼 '심리 3대 욕구의 대체물'을 먼저 합니다. 그런 뒤에 게임을 정해진 시간 동안만 합니다.

4. 아이에게 생각할 시간을 준다.

　게임 대신에 어떤 대체물을 할 것인지, 어떤 스케줄로 게임 시간을 줄여 나갈 것인지 등 아이가 스스로 생각하도록 하는 것이 중요합니다. 아이와 대화를 나누면서 긴 안목으로 아이가 스스로 게임 시간을 줄일 수 있도록 지원해 봅시다.

　이때 4장에서 설명한 적극적 경청을 실천하여 아이의 이야기를 경청하면서 대화를 이끌어 나가면 더욱 효과적입니다.

Q4. 아이의 SNS를 다 확인해야 하나요?

어른에게도 아이에게도 SNS는 일상의 일부가 되어 버렸습니다. 친구들과 연락하거나 자신의 일상과 생각 등을 공유하지요. 요즘은 스마트폰 애플리케이션이나 게임과도 융합되고 그중에는 학습 관련 애플리케이션과 채팅 기능을 갖춘 것까지도 있습니다. 이렇듯 더 이상 'SNS 금지'라며 모든 SNS를 우리의 삶과 떼어놓는 일은 불가능에 가깝습니다.

아이를 키우는 부모의 입장에서는 SNS가 우리 삶과 매우 밀접한 존재이기는 하나 다양한 위험이 도사린다는 것을 경계하지 않을 수 없습니다.

SNS로 사진과 동영상을 주고받고 메시지나 채팅으로 서로 연락하고 금전을 주고받는 가운데 제3자에게 개인 정보가 유출되거나 집단 따돌림으로 이어지는 일도 심심치 않게 일어나고 있기 때문이지요. 심한 경우에는 범죄나 반사회적인 일에 휘말리기도 합니다.

이런 위험은 어디에든 존재합니다. 스마트폰으로 언제 어디서든 접속이 가능하고 손쉽게 소통할 수 있는 것이 SNS의 무서운 점입니다. 현명하게 사용하지 않으면 우리 아이들의 몸과 마음에 큰 상처를 남기고 말지요.

실제로 SNS의 악영향은 일시적인 스트레스나 고민에 국한되지 않습니다. 자기긍정감 저하, 불안증, 우울증의 위험이 증가하는 등 심리뿐만 아니라 비만이나 당뇨 등 신체 건강을 위협하는 상황까지 일어나고 있다는 연구도 나오고 있습니다.

그렇다고 SNS를 100퍼센트 금지하는 것은 현실적인 해결법이 아닙니다. 또한 '금지 규칙'을 지나치게 강요한 나머지 부모와 자식 간의 소통이 끊어진다면 부모의 눈에 보이지 않는 곳에서 심각한 문제나 위험에 휘말릴 수도 있습니다.

아이에게 SNS 사용을 금지하려고 할 것이 아니라 아이가 SNS의 위험성을 이해하고 스스로 관리하면서 적절한 행동을 취할 수 있도록 지원하는 것이 가장 현명한 대처 방법입니다.

이 방법을 시작하기 위한 첫걸음으로 아이와 SNS 사용법에 대해서 정기적으로 이야기를 나누는 기회를 마련할 것을 권장

합니다. 거창하게 시간을 정하지 않아도 괜찮습니다. 언제든 시간이 날 때하면 됩니다. 다음과 같은 주제로 아이와 이야기를 나눠 보세요.

'무엇을 위해서 SNS를 할까?'
'학업이나 친구 관계 등에 나쁜 영향이 미치지 않도록 하려면 SNS를 어떻게 사용해야 할까?'
'현재 어떤 애플리캐이션을 사용하고 있을까?'
'사용하고 있는 애플리케이션의 연령 제한은 없을까?'
'개인 정보 유출에 따른 위험성은 없을까?'

또한 아이와 대화하면서 가족 간의 SNS 규칙을 정하는 방법도 좋습니다. 가족 전체가 함께 지키는 형태로 부모가 아이에게 모범이 될 수 있지요. 예를 들어 다음과 같은 점에 주의해서 규칙을 만들어 보세요.

'언제 SNS를 사용하면 좋을까(예: "밤 9시까지만 사용하자", "저녁 식사 시간에는 사용할 수 없어")?'
'하루에 몇 시간 사용하면 좋을까(어린 자녀의 경우에는 반드시 2시간 이하로 정한다)?'
'어디에서 사용하면 좋을까(예: "거실은 괜찮지만 침대는 안돼")?'

특히 아이의 SNS 사용 위험성을 최소한으로 줄이기 위해서는 다음과 같은 점을 참고해서 규칙을 만들 필요가 있습니다.

'부적절한 말이나 영상은 올리지 않는다.'
'주변 사람들에게 얼굴을 보고 말할 수 없는 것은 온라인에서도 말하지 않는다.'
'다른 사람의 의견이나 영상을 허가 없이 올리지 않는다.'
'개인 정보를 모르는 사람에게 알려 주지 않는다.'
'개인 정보를 프로필에 적지 않는다.'
'정기적으로 사생활 설정을 확인한다.'
'아이디어와 비밀번호는 친구와 공유하지 않는다.'
'자신의 휴대 기기가 아닌 다른 기기에서 로그인한 경우에는 사용이 끝난 후에 반드시 로그아웃한다.'
'모르는 사람이나 부적절한 발언을 하는 사람은 신고하거나 차단한다.'
'팝업 광고를 클릭하지 않는다.'
'친구 초대는 실제로 아는 사람만 하는 것으로 제한한다.'
'염려되는 부분이 있다면 캡쳐해 저장한 뒤 주변 어른에게 상담한다.'

Q5. 공부를 우선시하고 방과 후 활동은 뒤로 미뤄야 하나요?

정서 강화가 생각하는 힘이나 학습 효율에 중요한 영향을 끼친다고 앞서 설명했습니다. 이번에는 몸과 학습 사이의 관계에 대해서 생각할 차례입니다. 주제는 운동과 공부입니다.

사실 건강을 위해 운동을 해야 한다는 것은 알지만 공부에 쫓기다 보면 운동을 뒤로 미루게 되는 경우가 많습니다. 성적 향상과 입시 합격을 원한다면 방과 후 활동은 물론 학습 이외의 예체능 교육 등에 할애하는 시간을 줄여야 하지요. 공부할 시간을 더 많이 확보하고자 운동 시간을 줄이는 것은 바쁜 현대를 살아가는 우리 아이들의 학교생활 속에서 부모에게도 아이에게도 불가피한 선택일지 모릅니다.

그러나 지금까지의 조사 결과를 보면 공부 시간을 늘린다고 해서 성적이 향상된다고 밝혀진 바가 전혀 없습니다. 예를 들면 시험 합격률과 방과 후 활동을 그만두는 시기 사이에는 아무런 상관관계가 없지요. 빨리 그만둔다고 해서 합격률이 올라가는 것이 아니라는 뜻입니다.

반면 적당한 운동이 집중력과 기억력 향상에 도움이 되며 성적도 향상시킨다는 사실은 상당히 많은 증거가 뒷받침하고 있습니다. 유산소 운동은 뇌의 해마나 전두엽을 활성화하고 뉴런 구조가 확대 및 강화된다는 것이 밝혀졌지요. 그래서 유산소 운동을 하면 고도의 집중력을 필요로 하는 수학적 사고나 독해력이 향상된다고 합니다.

정서 관리에도 운동은 필수입니다. 우울증이나 불안증 등의 정신질환을 개선하고 중독이나 의존병에도 효과가 있으며, 자신감과 행복감의 향상 및 목적 의식과 인간관계 개선으로도 이어집니다. 이런 이유로 의학과 뇌과학 분야에서 인간의 정서에 운동이 얼마나 중요한지 다시금 큰 주목을 받고 있지요.

그러나 현실에서는 아이들의 운동 시간은 점점 줄어들고 있습니다. 학교나 방과 후 활동, 예체능 학원에 중·고등학생이 할애하는 평균 시간은 하루에 고작 15분 정도입니다. 성적 향상이나 시험 합격 등의 목표를 위해서 지금까지 다녔던 예체능 학원이나 방과 후 활동, 운동 시간을 줄였다면 운동 시간을 습관화하는 것이 중요합니다.

몸과 마음의 건강을 위해서라도 그리고 보다 높은 학습 효과를 위해서라도 다음과 같은 점을 숙지하고 아이에게 운동 습관을 길러 줄 필요가 있습니다.

1. 30분에서 1시간 사이가 가장 좋다.

운동에 어느 정도 시간을 투자하는 것이 중요합니다. 운동이 끝난 뒤에 나름의 성취감을 얻을 수 있는 것이 좋기 때문이지요. 하지만 너무 피곤하거나 힘든 운동은 금물입니다. 지속할 수 있는 운동이어야 합니다.

2. 단발적이기보다 장기적으로 해야 한다.

단발적인 운동으로도 일정한 효과를 기대할 수 있지만 3~6개월 정도 지속하는 것이 좋습니다. 체중 감소와 같은 신체적인 변화보다는 긴 안목으로 지속 가능한 생활 습관으로 자리 잡게 만드는 것이 중요합니다.

3. 유산소 운동을 함께 하자.

근육 운동도 좋지만 공부나 멘탈에는 중강도의 유산소 운동이 가장 효과적입니다. 가볍고 빠르게 걷거나 천천히 사이클을 타도 좋습니다. 또는 집안 대청소를 하면 중강도의 운동 효과를 기대할 수 있습니다.

4. 일주일에 최소 150분 해야 한다.

세계보건기구(WHO)에 따르면 일주일에 최소 150분 정도의 중강도 운동이 필요하다고 합니다. 30~60분 정도의 중강도 운동을 일주일에 3~5회 정도 할 수 있도록 합시다.

5. 자연을 느끼면서 하자.

자연을 느끼면서 밖에서 걷거나 신선한 공기를 마시면 운동 효과와 긴장 완화 효과가 높아집니다. 짧은 휴식이라도 밖에 나가서 5분 정도 자연의 푸르른 녹음을 바라보면서 걸으면 큰 효과를 얻을 수 있습니다.

6. 부모가 먼저 운동을 즐긴다.

아이가 운동을 지속하는 데 가장 큰 영향을 미치는 요인 중 하나가 부모입니다. 부모가 운동을 즐기는 가정에서는 아이도 운동을 지속하기 쉽습니다.

이를 참고로 일단 이번 한 주 동안의 운동 습관을 되돌아보고 아이에게 다음 주부터 시작할 운동 계획을 짜 보라고 말해 보세요. 긴 안목으로 초조해하지 말고 이렇게 매주 계획 짜기와 반성을 지속하면서 적당한 운동 습관을 실천해 나가도록 합시다.

Q6. 미래의 꿈을 반드시 미리 찾아야 하나요?

"우리 ○○의 꿈은 뭐야?"

부모라면 누구나 어린 자녀가 어떤 꿈을 꾸고 있는지 들으면 입가에 저절로 미소가 번지거나 흐뭇한 마음이 들 것입니다. 그런데 5년, 10년의 세월이 흐르면 대개 '자랑스러웠던 마음'은 온데간데없이 사라지고 낙담과 초조함으로 뒤바뀌고 맙니다.

"그런 뜬구름 잡는 말만 하지 말고! 아직도 커서 뭐가 되고 싶은지, 뭐가 하고 싶은지도 모르는 거야? 뭐가 되고 싶은지 빨리 찾아야 인생 계획을 세우지!"

자칫하면 우리는 이런 '꿈이 있어야 한다는 이론'에 지배당할 수 있습니다. 하지만 장래 목표와 그를 위한 현실적인 계획을 세운다고 해서 반드시 좋은 결과를 낳지는 않습니다. 물론 '꿈이 있어야 한다는 이론'에 따라서 자신의 적성에 맞거나 하고 싶은 일을 찾고 그 목표를 향해서 열심히 노력해서 성공하는 사람도 있습니다.

하지만 '꿈이 있어야 한다는 이론'에 따라서 미래의 직업을 시기상조로 정한 탓에 이미 정해진 자신의 이상적인 모습을 쫓아서 여러 직장을 전전하는 등 자주 이직하는 사람도 있지요. 또한 반대로 어쩌다 보니 시작한 일인데 막상 해 보니 보람도 있고 적성에 맞는 사람도 꽤 많습니다.

생각해 보면 미래 목표는 지금까지의 경험과 지식을 바탕으로 정해야 합니다. 자신이 모르는 생소한 직업을 꿈꾸는 것은 원리적으로 불가능한 일이 아닐까요? 그래서 현재 열정을 불태울 만한 목표가 있어도 앞으로 겪게 될 경험이나 학습으로 시야가 넓어지면 꿈이 바뀌는 것은 매우 자연스러운 현상입니다. 이런 열린 마음으로 아이의 미래를 생각해야 합니다.

또한 현재 사회가 원하는 욕구와 아이가 커서 취업 연령에 이르렀을 때의 욕구가 같으리라는 보장은 어디에도 없습니다. 오히려 크게 달라질 가능성이 높지요. 지금 존재하는 직종의 대부분이 인공지능으로 대체되거나 사라질 수도 있습니다. 그리고 새로운 욕구에 부합하는 새로운 직종이 생겨날 가능성도 무시할 수 없지요.

즉 우리 아이들은 아직 존재하지 않을 미래의 직종을 대비해서 공부하고 배워 나가야 합니다. 이때 자신의 경험과 지식만이 아니라 주변 세계와 환경의 변화에도 열린 마음의 자세로 미래를 생각하는 것이 중요합니다.

자신의 확고한 열정에 따라서 그에 맞는 길을 찾아 나서는 '선결 유형'과 일단 첫발을 내디뎌 시작해 보고 그 일에 의미를 찾는 '후결 유형', 어느 유형이든 당신의 아이는 자신의 인생에서 보람을 느끼고 행복을 찾을 수 있습니다. 중요한 것은 아이에게 '선결'과 '후결' 중 어느 유형이 적합한지 단정 짓지 않는 것입니다.

또한 꿈을 품은 아이를 위해서 부모는 그 꿈을 이룰 수 있도록 지원을 아끼지 말아야 합니다. 다만 아이의 상황이 변해서 꿈이 바뀌었을 때는 유연한 사고로 새로운 방향을 찾아 나갈 수 있도록 도와주는 것도 중요합니다.

한편 아직 꿈을 찾지 못한 아이에게는 '꿈이 없느냐'며 재촉하거나 조급하게 만들어서는 안 됩니다. 명확한 꿈이나 목표를 찾지 못한 아이를 다그치지 말고 좋아하는 일이나 잘하는 것을 지원하면서 목표를 찾을 수 있는 환경을 조성해 줍시다.

그리고 직업이나 장래의 방향성에 대한 세부 사항도 중요하지만 그것들이 가진 사회적인 목적이나 사회에 미치는 영향에 주의를 기울이도록 합시다. 얼마나 많은 사람을 도울 수 있는지, 사회가 어떻게 개선될 수 있는지, 그 직업이 사회에 어떻게 공헌할 수 있는지 등 말이지요.

어떤 직업이든 타인을 돕거나 사회에 기여하는 등 반드시 대의가 있습니다. 이를 생각해 보는 과정을 통해서 이 책에서 말하는 자기 결정 이론의 내적 동기부여를 키워나갈 수 있습니다.

Q7. 부모는 얼마나 관여해야 하나요?

요즘 사교육과 관련된 부모님들의 고민은 날이 갈수록 늘어나고 있습니다. '주변 아이들도 하고 있고 우리 애도 하고 있지만 더 시켜야 하지 않을까? 그래야 미래가 불안하지 않으니까'라는 압박감은 사교육만이 아니라 아이들의 교육 전반에 걸쳐서 나타나고 있지요.

이런 압박감의 배경에는 부모가 아이를 적극적으로 지원하는 것이 여러 가지 좋은 영향을 미친다는 사실이 있습니다. 다양한 연구에서 부모가 아이에게 투자할수록 두뇌 실행 능력이나 자신의 기분과 감정을 통제하는 힘이 향상되고 성적이 좋아진다는 것을 증명했기 때문입니다.

하지만 도를 넘은 아이에 대한 지원은 의도했던 결과로 이어지지 않는 경우가 꽤 있습니다. 부모의 과도한 관심에 부담을 느낀 아이가 심한 스트레스로 힘들어하는 모습도 자주 볼 수 있지요.

혹시 아이에게 어떤 행동을 하더라도 애정이 있다면 다 괜찮다고 생각하는 것은 아닌가요? 일정 수준을 넘어 선 부모의 관심은 애정이 포함되어 있더라도 역효과를 불러올 수 있으니 반드시 주의해야 합니다.

그렇다면 어느 정도가 적당하고 어느 정도가 지나친 지원일까요? 최근 스탠퍼드 대학교의 한 연구에서 아이가 '적극적으로 과제를 수행하고 있는지'가 그를 가름하는 중요한 열쇠가 된다는 사실을 밝혀냈습니다.

일단 아이가 스스로 문제를 해결하기 위해서 시행착오를 겪고 있을 때 혹은 스스로 무언가를 하려고 고민하고 있을 때 부모는 뒤로 한발 물러나야 합니다. 부모 입장에서 아이의 행동이 잘못된 방법일지라도 꾹 참고 기다려야 하지요.

연구진들은 대개 부모는 아이가 무언가에 집중하고 있을 때 잘못된 방향으로 가지 않도록 예방 차원에서 미리 선을 그으려는 경향이 있다는 사실을 알아냈습니다. 이런 식으로 아이가 이미 집중해서 문제를 해결하고자 하거나 집중하고 있는데 부모가 지원하려고 나서는 것을 '도를 지나쳤다'라고 표현할 수 있습니다.

이렇게 되면 아이는 자율성을 방해받고 동기부여가 낮아지는 것은 물론 성과나 자신의 감정을 통제하는 데에 영향을 받게 됩니다. 부모가 항상 문제를 해결해 주었으니 부모에게만 의존하게 되고, 결국 스스로 무엇인가를 해낼 수 있다는 생각을 하지 못하지요.

이와 반대로 아이가 해야 할 일에 '집중하지 못할 때'는 부모의 지원이 필요합니다. 다만 아이가 해야 할 일에 집중하지 못한다고 해서 벌로 협박하거나 죄책감을 느끼게 하거나 화를 내서는 안 됩니다. 3장에서 살펴봤던 자율성 지원형 육아에 따라서 공감, 설명, 결정의 세 가지 요소를 포함한 지원을 해 나가야 합니다.

또한 아이가 해야 할 과제를 하나에서 열까지 세세하게 알려 주는 것이 아니라 아이가 스스로 과제를 해결할 수 있도록 최소한의 지원을 하는 것이 중요합니다. 세세한 부분까지 알려 주거나 자세하게 가르쳐 주는 것은 결코 좋은 지원이라고 할 수 없습니다. 아이가 스스로 자신이 해야 할 일을 할 수 있도록 이끌어 주는 역할을 해야 합니다.

최근 들어 육아에 대한 부담과 압박감이 점점 커지고 있습니다. 이런 상황 속에서 도를 지나친 지원을 피하는 것은 그리

쉬운 일이 아닙니다.

　자신이 이런 부담과 압박에 노출되어 있다는 사실을 깨닫고 아이에게 도를 넘는 통제형 육아를 하고 있지는 않은지 주의 깊게 살펴 보세요. 또한 아이를 위해 나서서 해 주고 싶은 마음이 들더라도 지금은 곁에서 지켜봐 줄 때라고 생각하고 아이의 자연스러운 성장을 묵묵히 지원해 나가 보세요.

　그런 과정을 거치다 보면 어느새 아이가 스스로 많은 일들을 해내는 모습을 볼 수 있을 것입니다. 아이 또한 자신을 믿어 주는 부모의 모습을 보며 자신감을 가지고 어려운 상황이 펼쳐지더라도 해결할 수 있는 힘을 기를 수 있겠지요.

• 마치며 •

세상의 모든 부모님들께

먼저, 이 책을 끝까지 읽어 주셔서 고맙습니다.

"아이의 생각법을 키워 준다."

이는 특정한 사고 기술을 익히는 것만으로는 불가능합니다. 의욕, 자율성, 이해력에 안정된 정서와 창의성… 아이가 성장해 나가는 데 열쇠가 되는 이 요소들을 천천히 포괄적으로 지원해 나가야 하지요. 이것이 아이의 밑바탕으로 다져져야 비로소 진정한 생각법을 기를 수 있습니다.

이러한 소양은 누군가 특별한 사람에게만 주어진 재능이 아닙니다. 우리 모두의 뇌 메커니즘에 새겨져 있는 능력이지요. 그렇다면 우리의 마음과 두뇌에 감춰진 생각하는 능력의 가능성을 활짝 열려면 어떻게 해야 좋을까요?

저는 이 책 한 권에 수많은 과학적 지혜에 기초한 방법을 응축하려고 노력했습니다. 하지만 무리해서 책에 나와 있는 내용을 한번에 다 시도하려고 할 필요는 없습니다. 조금씩 실천할 수 있는 방법이나 마음에 드는 방법부터 차근차근 시작하면 됩니다. 계속 말해 왔듯이 이 과정은 길고 긴 시간이 필요할 수도 있습니다. 그러니 아이가 바로 원하는 대로 따라오지 않더라도 초조해하지 않아도 됩니다. 조급해하지 말고 장기적인 관점에서 실천해 나간다면 반드시 길은 열릴 것입니다.

저는 우리 아이들 모두가 빠르게 변화하는 인공지능 시대에 적합한 핵심 인재가 되기를 간절히 희망합니다. 오늘을 살아가는 우리 아이들에게 가장 중요한 생각법을 기르는 힌트를 이 책에서 찾을 수 있다면 저자로서 그보다 더 큰 보람은 없을 것입니다.

틀에 갇혀 있던 아이를 틀을 깨는 아이로
생각법이 달라지는 스탠퍼드 교육법

인쇄일 2023년 12월 14일
발행일 2023년 12월 22일

지은이 호시 도모히로
옮긴이 이지현
펴낸이 유경민 노종한
책임편집 구혜진
기획편집 유노라이프 박지혜 구혜진 **유노북스** 이현정 함초원 조혜진 **유노책주** 김세민 이지윤
기획마케팅 1팀 우현권 이상운 **2팀** 정세림 유현재 정혜윤 김승혜
디자인 남다희 홍진기
기획관리 차은영
펴낸곳 유노콘텐츠그룹 주식회사
법인등록번호 110111-8138128
주소 서울시 마포구 월드컵로20길 5, 4층
전화 02-323-7763 **팩스** 02-323-7764 **이메일** info@uknowbooks.com

ISBN 979-11-91104-83-7(13590)

- — 책값은 책 뒤표지에 있습니다.
- — 잘못된 책은 구입한 곳에서 환불 또는 교환하실 수 있습니다.
- — 유노북스, 유노라이프, 유노책주는 유노콘텐츠그룹 주식회사의 출판 브랜드입니다.